固定资产投资主体结构与投资效率的实证研究

杨冬梅　著

中国财经出版传媒集团

经济科学出版社
Economic Science Press

图书在版编目（CIP）数据

固定资产投资主体结构与投资效率的实证研究／杨冬梅著.
—北京：经济科学出版社，2021.6
ISBN 978 - 7 - 5218 - 2460 - 5

Ⅰ.①固…　Ⅱ.①杨…　Ⅲ.①固定资产投资 - 投资效率 -
研究 - 中国　Ⅳ.①F832.48

中国版本图书馆 CIP 数据核字（2021）第 060226 号

责任编辑：刘殿和
责任校对：靳玉环
责任印制：范　艳　李　鹏

固定资产投资主体结构与投资效率的实证研究
杨冬梅　著
经济科学出版社出版、发行　新华书店经销
社址：北京市海淀区阜成路甲 28 号　邮编：100142
总编部电话：010 - 88191217　发行部电话：010 - 88191522
网址：www. esp. com. cn
电子邮箱：esp@ esp. com. cn
天猫网店：经济科学出版社旗舰店
网址：http://jjkxcbs. tmall. com
北京密兴印刷有限公司印装
710×1000　16 开　9 印张　180000 字
2021 年 6 月第 1 版　2021 年 6 月第 1 次印刷
ISBN 978 - 7 - 5218 - 2460 - 5　定价：41.00 元
（图书出现印装问题，本社负责调换。电话：010 - 88191510）
（版权所有　侵权必究　打击盗版　举报热线：010 - 88191661
QQ：2242791300　营销中心电话：010 - 88191537
电子邮箱：dbts@ esp. com. cn）

前　言

　　进入 21 世纪以来，固定资产投资成为我国经济增长最主要的推动力，特别是近年来在经济转型与结构调整的大背景下，外贸出口乏力、消费增速下降，固定资产投资对经济拉动作用尤为突出。因此，研究固定资产投资的规模、结构以及区域布局有助于我国经济持续平稳健康发展，有助于国家精准部署固定资产投资计划与投资策略，合理制定区域产业政策与经济增长政策，提高固定资产投资效率。优化固定资产投资的主体结构，对于产业结构的优化调整，就业岗位的适度增加，人民生活水平的逐步提高，经济增长质量的进一步改善，实现当前我国及未来经济社会发展的预期目标，特别是对于走出"中等收入陷阱"具有重要的战略意义。

　　固定资产投资是资本形成最重要的基础，其投资规模直接影响区域、产业、部门以及不同所有制主体的经济活动。随着我国经济体制改革进入深水区，固定资产投资的主体结构与效率在不断变化，投资体制与投资的去向也在不断变化，投资结构总体上日趋合理，但也存在诸多问题。一定时期内，投资的总量是有限的，不可能满足所有投资主体的需求，而且不同区域、不同产业基础不一样，投资的需求与投资的效率不一致，因此，投资结构的优化是投资效率提高的重要基础。

　　本书将从宏观的视角探讨固定资产投资的主体结构与投资效率，并在此基础上考察不同投资主体对资金获取能力以及投资效率的影响，提出优化固定资产投资结构与效率的对策和方案，完善我国固定资产投资理论，对经济转型与结构调整将产生积极的影响。

　　反思我国固定资产投资的历程，从固定资产投资的区域、行业分布可以看出存在诸多失衡，但固定资产投资是我国经济高速增长最基本的保障，是经济增长最重要的推动力量。本书通过对传统固定资产投资理论以及经济周期理论的研讨，从固定资产投资主体结构演进的视角探讨我国固定资产投资结构与效率。本书主要从理论述评、固定资产投资现状、理论模型、计量检验以及政策建议这条主线，深入考察我国固定资产投资主体结构演进、固定资产投资效率以及不同投资主体对固定资产投资效率的影响。

本书在对我国固定资产投资主体结构与投资效率进行分析的基础上，主要围绕以下五个问题进行了述评。

（1）投资理论与文献综述。对国内外学者的相关文献进行综述与评析，笔者在系统研究固定资产投资理论、经济周期、经济增长等理论的基础上，对这些理论的发展脉络及其现实指导意义进行了认真梳理，并作出一般评述。重点梳理经济增长、固定资产投资以及经济周期波动理论，并从中寻找固定资产投资主体结构演进、投资效率以及绩效评价的理论依据，为后续的实证分析提供有效的理论依据。

（2）固定资产投资主体行为与投资主体结构的演进。主要对我国固定资产制度、投资历程作了认真梳理，将固定资产投资分为国有企业与非国有企业，具体测算了固定资产投资的区域结构以及行业结构，并进行了定量的分析；对资产投资主体结构演进轨迹和经济增长波动周期特征与协整关系进行实证检验，为定位投资主体关系的实证研究提供分析依据。

（3）不同投资主体的固定资产投资效率的计量研究。在对我国固定资产投资主体结构、区域结构以及行业结构分析的基础上，从主体、区域、行业三个层面运用 ICOR 理论对影响固定资产投资效率的原因进行了深入分析。从投资规模角度分析投资效率差异，检验我国不同投资主体的固定资产投资是否存在规模效益及"过度投资"。利用三阶段 DEA 模型将市场化、对外开放度、政府管理、金融政策等制度环境因素引入投资技术效率研究范畴，检验制度环境因素对不同投资主体投资效率差异的影响。

（4）不同投资主体的产权属性对固定资产投资效率的影响。鉴于不同投资主体获取资金的能力不一样，也就是说固定资产投资要受到融资约束的限制。借鉴杰弗里·沃格勒（Jeffrey Wurgler, 2000）的行业投资弹性系数模型，依据不同投资主体的行业及地区数据，以及上市公司数据，利用面板数据模型对影响我国不同投资主体固定资产投资效率的因素进行效应测算和分析。主要包含两个部分：第一部分重点考察国有企业和非国有企业对固定资产投资的融资约束，国有企业和非国有企业融资约束对固定资产投资效率的影响。第二部分着重分析国有企业和非国有企业固定资产投资过程中获得政策扶持的路径选择，以及财政补贴和税收优惠对国有企业和非国有企业固定资产投资效率的影响。

（5）优化我国固定资产投资主体结构的对策建议。进一步明确政府和其他投资主体在经济发展中的不同分工，提出优化我国固定资产投资主体结构的建议。在凝练本书研究成果之主要结论基础上，提出相关的政策建议，并就未来固定资产投资政策与投资主体的演变进行了预估、展望。

杨冬梅

2021 年 2 月

目　　录

第一章 导　　论

本书围绕"固定资产投资主体结构与投资效率"这一议题展开相关的研究。作为导论，本章顺次介绍本书的选题背景、研究意义、研究对象、结构安排、创新点及研究难点等。

第一节　选题背景及研究意义

一、选题背景

无论是发达国家，还是发展中国家，无论计划经济体制，还是市场经济体制，如何优化固定资产的投资结构，提高固定资产投资效率都是永恒的话题。同时，注入基础设施、科技研发以及教育等领域的投资也是经济社会和谐发展的重要物质保障。固定资产投资是拉动经济增长最重要的引擎，但很少有文献将主体结构与投资效率纳入一个研究框架，系统全面地分析固定资产的投资结构与效率。另外，很多经典经济学理论也没有将固定资产投资作为一个独立的影响因素加以分析。由此，人们对固定资产投资效率与投资结构的优化认知并不深刻。

我国固定资产投资主要是由国有企业和非国有企业两大投资主体完成的。随着市场决定性作用的发挥，非国有企业固定资产投资占主要组成部分，但国有企业对固定资产投资规模也是举足轻重的，发挥了重要的引导作用。无论是国有企业还是非国有企业，固定资产投资在企业的发展过程中都扮演着极其重要的角色。从需求角度看，固定资产在形成过程中，资金的投入与使用伴随着巨大的支出，包括对基础设施、生活设施以及工人劳动报酬的支付，直接增加了社会总需求，带来经济增长。从供给角度看，固定资产投资完成以后，直接增加了生产与生活设施，生产设施的增加提高了物质财富生产过程中的人均资本存量，生活设施的增加直接改善了居民的生活福利水平。

当前我国面临着经济转型与结构调整的极大压力，正是在这样的大背景下，本书将固定资产投资的主体结构与投资效率作为研究对象。2015 年，我国完成固定资产投资 56.2 万亿元，固定资产投资占 GDP 的比重超过 80%。但是，不容忽视的一个细节是，2013～2015 年，国有控股投资增速分别为 14.7%、16.3% 和 13.2%，民间投资增速分别为 24.8%、23.1% 和 18%[①]，民间投资增速相对于国有控股投资增速明显放缓。为了更准确地把握这一现象的深层原因，结合国内外的研究理论，对我国固定资产投资主体结构与效率系统的定性定量的分析变得尤为重要。

观察我国的经济增速与经济周期可以发现，固定资产投资与经济周期变动基本吻合，可以说固定资产投资就是经济变化的风向标。在经济周期的上升时期，固定资产投资的增速较快，在经济周期的下行阶段，固定资产投资的增速较慢。但同时也要认识到固定资产的一些问题，比如说区域分布不均衡，发达地区所占比重过高，行业分布不平衡，间或会有投资过剩的行业，造成经济过热，同时也有投资增长缓慢的行业，造成经济比较冷。另外，不同投资主体的固定资产投资效率差异较大，国有企业和非国有企业的固定资产投资资金获取对投资效率具有深层次的影响。在进行宏观研究时，有些学者忽视了国有企业和非国有企业固定资产投资的相互影响，从而对固定资产投资效率与投资主体结构优化研究缺乏精确的认识。

针对固定资产投资主体结构演进与投资效率研究主要基于以下两个方面的考虑：

第一，固定资产投资对于经济发展具有双重作用。首先，从供给的视角来看，固定资产投资，特别是基础设施建设投资是经济发展的重要方面，并且是经济发展、居民生活福利水平提高的重要推动力量，为产业发展与经济转型提供了直接或间接的带动作用。另外，国有企业的固定资产投资，特别是在经济发展的初期阶段，能改善经济容纳能力，提高私人资本投资过程中人均效率资本存量，从而引导非国有企业固定资产投资。其次，从需求的角度看，固定资产投资本身就是社会总需求的重要组成部分，同时也是调节社会总需求的重要手段。在经济衰退时期，可以提高固定资产投资规模，在经

---

① 2014～2016 年《中国统计年鉴》。

济高涨时期，可以缩小固定资产投资规模。

第二，不同投资主体固定资产投资效率存在差异。不同区域的经济基础、文化积淀、自然地理存在巨大差异，加之国有企业与地方政府之间关系，必然影响国有企业与非国有企业获取资金的能力。固定资产投资区域结构、行业结构以及主体投资结构的不同，既是固定资产投资的结果，同时也直接影响固定资产投资效率。

二、研究意义

固定资产投资结构与投资效率直接决定了经济发展的速度与质量，同时资本作为最重要的社会生产要素，只有正确合理分配，才会充分促进经济发展。固定资产投资总量的变化最终会影响国民经济发展，对此学术界已经形成共识。现实经济运行过程中，不仅固定资产投资的总量会影响经济产出，固定资产投资结构的变动也会影响经济最终产出，并影响经济周期的变动。也就是说，在固定资产投资总量一定的情况下，调整和优化固定资产投资主体结构，是如何影响经济周期和最终产出的，成为经济学界最主要的研究主题。当前，我国面临着经济转型与结构调整的巨大压力，受诸多因素的影响经济增速下滑，这里面固定资产投资无疑是最重要的影响因素之一。客观分析我国固定资产投资主体结构、区域结构、行业结构及其影响因素，并对固定资产投资的主体结构进行优化，对我国经济转型与结构调整具有十分重要的理论和现实意义。

本书结合国内外的研究理论，对我国固定资产投资主体结构与效率作定性定量的分析，其现实意义主要体现在以下几方面：一是对我国固定资产投资主体结构演进有一个进一步的深入了解，起到对固定资产投资主体的引导规范作用；二是有利于不同固定资产投资主体优化固定资产投资，促进固定资产投资的主体、区域以及行业优化；三是在对我国固定资产投资主体结构演进进行分析的同时，对我国固定资产投资效率进行分析，找出影响固定资产投资效率的影响因素，并具体探讨不同投资主体对固定资产投资效率的影响。

从已有研究来看，关于我国固定资产投资结构效率的研究主要集中在行业配置效率分析，即使涉及投资主体分析也往往仅关注投资主体间的关系，把固定资产投资主体结构及其投资效率放在一个研究框架内进行系统研究的成果较为稀少。鉴于此，本书在系统刻画资产投资主体结构的演进轨迹及其与经济增长波动的协同关系基础上，基于投资主体结构的视角对固定资产投资效率与配置效率差异及其决定因素进行实证研究。在理论方面，实证研究不仅有助于为固定资产投资理论寻求新的经验证据，而且促使固定资产投资领域研究者从新的视角思考投资效率问题，使投资主体与投资效率的分析和研究更加具有严谨性和科学性。

当前，我国处于经济转型与结构调整的特殊时期，对于固定资产投资主体结构与效率问题的研究，有助于我们总结过去经济发展的基本经验，并为今后经济转型提供重要的物质支撑。特别是，在当前国际经济衰退、国内经济增速下滑的大背景下，如何实现资源配置的最优化，引导经济发展走出困境，具有重要的现实意义。固定资产投资结构优化与提高，对于我国国民经济持续、健康、平稳的发展具有极其重要的意义。

第二节　研究对象界定与研究方法

一、研究对象

本书的核心议题为"固定资产投资主体结构与投资效率的实证研究"，而这个议题又可以拓展出四个小议题：第一，我国固定资产投资主体结构演进；第二，固定资产投资区域、行业效率研究；第三，固定资产配置效率研究；第四，资金约束与政策扶持对国有企业与非国有企业的固定资产投资效率的影响。

二、研究方法

在研究方法的选择上，本书在对现状进行统计描述的基础上，通过理论推导与梳理模拟，实现了固定资产投资主体结构以及投资效率的定量测算。为了使研究结论更为精确和更有说服力，本书从多个维度、多个层次上进行定量测算。概括来说，本书主要采用定性描述与定量描述、规范分析与实证分析、中观和宏观层面分析相结合的研究方法。

（一）定性分析与定量分析相结合

定性分析主要体现在：第三章采用文字逻辑、简单测算等方法对改革开放以来，我国固定资产投资的主体结构演进作了分析。定量分析主要体现在：第四章对不同投资主体的固定资产投资效率进行了定量测算，包括区域、行业以及年份投资效率的变化。第五章、第六章运用的是计量实证检验的论证思路，具体为三阶段 DEA 模型，动态面板回归等实证方法。

（二）规范分析与实证分析相结合

在对已有研究文献梳理的基础上，对固定资产投资、投资效率、投资结构、经济周期、经济增长等相关理论与研究成果进行了总结归纳，在该框架下通过构建数理模型和演绎推演的方法对固定资产投资的主体结构及效率进行了规范分析。在规范分析的基础上，采用 2006~2014 年上市企业面板数据对影响我国不同投资主体固定资产投资效率的因素进行效应测算和分析，并有效检验了理论假说，进而做到实证分析与规范分析相辅相成。

（三）微观层面分析与宏观层面分析相结合

固定资产投资涉及微观层面上的企业投资效率及中观层面上的行业，以及宏观层面的区域。本书对固定资产投资主体结构与效率的分析也是沿着这个框架分析进行的，以揭示固定资产投资的经济、政治、社会效应。同时，可以进一步考察固定资产投资与企业产权属性之间的内在经济逻辑。

第三节　结构安排

本书围绕"固定资产投资主体结构与投资效率的实证研究"这一主题，共分为七章，结构关系见图 1-1。

第一章导论。简要地介绍了本书的研究背景，学术与实践意义，研究思路、方法、创新点和难点等。

第二章相关理论与文献综述。在系统研究固定资产投资理论、经济周期、经济增长等理论的基础上，对这些理论的发展脉络及其现实指导意义进行了认真梳理，并作出一般评述。

第三章固定资产投资发展历程与投资主体结构的演进。对我国的固定资产制度、投资历程作了认真梳理，并将固定资产投资分为国有企业与非国有企业，具体测算了固定资产投资的区域结构及行业结构，并进行了定量的分

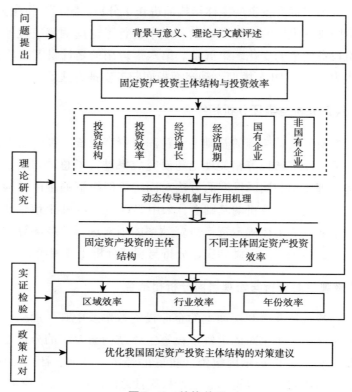

图1-1 结构关系

析。深入探讨了固定资产投资的主体结构演进与经济周期之间的关系，并进行了实证分析。

第四章基于 ICOR 的固定资产投资效率实证研究。从主体、区域、行业三个层面运用 ICOR 理论来对固定资产投资效率进行了分析，并对影响固定资产投资效率的原因进行了深入探讨。

第五章基于三阶段 DEA 的固定资产配置效率实证研究。主要运用三阶段 DEA 模型对各投资主体固定资产投资效率进行测算，由于国有企业和非国有企业占固定资产投资规模在 87% 以上，所以本书对此类固定资产各投资主体在不同年份、不同区域的投资效率进行了测算。

第六章固定资产投资效率的影响因素分析。由于不同投资主体获取资金的能力不一样，也就是说固定资产投资要受到融资约束的限制。所以，本章主要分两个部分进行分析：第一部分，通过上市公司数据考察国有企业和非国有企业受到的融资约束限制。第二部分，探讨国有企业和非国有企业对固定资产投资效率的影响，并定量测算。

第七章结语。在凝练本书研究成果之主要结论的基础上，提出相关的政策建议，并就未来固定资产投资政策与投资主体的演变进行了预估、展望。

第四节 创新点、难点与不足

在我国经济转型与结构调整背景下，本书深入分析了我国固定资产投资的主体结构演进，具体考察了固定资产投资与经济周期性波动的关系，定量测算了我国固定资产投资效率，具体分析了不同投资主体对固定资产投资效率的影响。

一、创新点

本书的创新点主要体现在以下三个方面：

第一，从主体、区域和行业多维度、多层面上，运用 ICOR 理论对固定资产投资效率进行了全面分析，并对投资效率的影响因素进行了深入剖析。从而系统全面地对我国固定资产投资进行了具体的研究，为后续学者进一步研究提供一定的文献参考。

第二，从行业与地区两个维度，运用三阶段 DEA 模型对国有企业和非国有企业固定资产投资效率进行了测算，对影响投资效率的因素进行了具体考察，为我国固定资产投资政策的调整提供了理论依据。

第三，探讨了不同产权属性企业固定资产投资效率的影响因素，重点从金融约束与政策扶持两个维度考察国有企业与非国有企业产权因素对固定资产投资效率的影响。研究发现，国有企业与非国有企业获取资金能力不同，进而导致融资成本的差异，国有企业与非国有企业获取政府补贴与税收优惠的能力有差别，最终导致固定资产投资效率的显著不同。

二、难点与不足

1. 难点

第一，不同投资主体固定资产投资规模与结构的测算。由于有限责任企业与股份有限企业各主体的控股形式较难区分，因此难以区分固定资产投资在国有主体及非国有主体之间的份额。

第二，如何更精确地测算不同投资主体的固定资产投资效率。笔者基于已取得的学术研究成果，继续提出了优化固定资产投资结构与效率的对策和方案，期望对我国固定资产投资理论的完善，以及经济转型与结构调整产生积极的影响。

2. 不足

第一，在对固定资产投资结构的主体结构进行分析时，由于很多投资主体的属性并不非常清晰，特别是产权属性相对比较模糊，所以通常很难作出精确的认定。实证方面，影响固定资产投资效率除了产权属性外，还存在其他重要的影响因素。同时，做实证的假设条件也较为苛刻。

第二，本书提出优化我国固定资产投资主体结构的对策建议还不够深入，有待拓展。

第二章 相关理论与文献综述

本章主要阐述固定资产投资结构、投资效率理论，及其相关的经济波动理论、经济周期理论，为后续实证分析夯实理论基础。同时，分析了国有企业与非国有企业投资效率相关文献，通过对已有文献的梳理以及对投资与经济增长、经济周期协调性问题的探讨，为后续研究提供佐证。

第一节 固定资产投资研究相关理论

固定资产投资是全社会投资的重要组成部分，对固定资产投资理论的研究，前提是梳理和研究固定资产投资的文献。

一、国外投资相关理论

重商主义学派最关注的问题就是如何利用国家的强权或者是通过贸易或者是限制财富外流等手段，使本国尽快变为一个富裕的国家。从宏观层面上来说，这实际上就是一个投入产出的问题，也是较早从投资的视角研究国家行为特别是国家投资行为的问题。亚当·斯密在其《国富论》中第一次系统阐述了投资问题，在资本、土地、劳动等生产要素的投入过程中，对资金用途、资金风险及资金利润之间进行权衡，从而获取最大的利润。大卫·李嘉图从国民收入分配的视角对资本积累及投资进行了系统的阐述研究。综合来看，古典经济学家对投资的研究主要体现在对劳动分工、价值理论以及生产理论的研究过程中，并未形成投资的完整理论体系。

马克思通过对资本二重属性的解释，完整地分析了资本的本质和起源，可以说投资的理念与思想一直贯穿于《资本论》全书。他认为资本作为要素投入到产品的生产过程，是劳动生产率提高的重要手段和主要前提，但当物质财富产生以后，资本又参与对物质财富的分配，而资本的分配则主要体现在对物质财富的无偿占有上，资本的逐利性决定了资本具有参与生产的内在动力，在物质财富生产过程中，投资作为资金投入的主要手段带来资本积累的不断增加，从而决定了资本主义积累过程中的内在不稳定性①。马克思在《资本论》中并没有明确投资与经济增长之间的关系，但是有关此二者之间的关系，主要是通过"扩大再生产"来体现。马克思的投资和经济增长理论反映的是不以社会制度为转移的现代化大生产中的各种技术经济关系及其发展规律，这些规律对中国当前的经济建设具有重要意义。

法国经济学家阿夫塔利翁（Aftalion）首次对消费品与固定资产之间的内在经济逻辑进行了分析，他认为随着经济社会的发展，消费品种类与数量需求都在快速增长②，进而导致固定资产投资的大幅增长，这就是加速原理。凯恩斯在其《就业、利息和货币通论》中，运用总量分析的方法，系统全面考察了固定资产投资、消费、储蓄、总供给、总需求以及国民收入等宏观变量之间的相互作用和影响机理，产生了投资与收入变化的乘数理论，乘数理论现已成为西方经济学的一个理论基石。哈罗德与多玛在凯恩斯静态乘数理论的基础上，将乘数理论动态化和长期理论化，试图找到经济均衡状态时，经济中均衡的产出、资本存量以及资本与经济增长速度。他们认为，凯恩斯的核心理论很难对劳动就业不足以及资本过程给出合理的解释，更不要说深入探讨固定资产投资背后的经济规律③。以索罗为代表的新古典经济学派将技术进步引入经济增长模型中，他认为不仅劳动与资本投入数量决定最终产出，劳动与资本相互之间的作用权数也是决定经济增长的重要力量。但是新古典经济学派并未将技术进步对经济增长的影响进行分离，只是简单地将技术进步看作是外生变量。以罗默、卢卡斯为代表的经济学家，分别从人力资本积累、制度变迁、技术进步等视角对索罗剩余进行了内生化处理，并在索罗模型基础上提出了新经济增长理论④。这些理论与现实经济越来越接近，对各国经济发展也具有比较强的解释力，也越来越被主流经济学界所接受。

综合来看，古典经济学家并未对投资进行系统全面的研究，最终没有形

① 马克思恩格斯全集［M］. 北京：人民出版社，1972.
② ［法］阿夫塔利翁. 世界金货分配论［M］. 上海：上海社会科学院出版社，2016.
③ 任保平. 宏观经济学［M］. 2 版. 北京：科学出版社，2016：44–48.
④ 袁其刚. 高级宏观经济学［M］. 北京：高等教育出版社，2010：178.

成完整的理论分析模型与分析框架。马克思只是对资本的形成进行了深入探讨，并没有对投资形成原因进行具体分析。新古典经济学家之后的几代经济学家一直将投资作为宏观经济领域重点研究的问题。一是探讨投资影响经济的动态作用机理与影响机制；二是从宏观层面对投资、储蓄、消费与经济产出之间的关系进行了系统论述，形成理论分析模型与分析框架；三是从国际资本流动的视角对资本输入国或输出国投资影响进行了深入考察，主要探讨投资领域的直接和间接投资决策问题。

二、国内投资问题研究的理论基础

中国投资理论在马克思主义理论的影响下，主要以扩大再生产理论与资本激励理论为基础，具体的理论主要分为三个方面：第一个方面是投资范畴的界定；第二个方面是投资与资本形成的关系；第三个方面是投资的科学发展观。改革开放后，各类经济主体在实践中碰到的问题越来越多，为了解决实际问题和更好地指导改革开放的实践，国内学者对固定资产投资的研究开始多了起来。这些研究基本都集中在固定资产投资的效益、固定资产投资与经济周期的关系和中国高固定资产投资率的利弊等方面，对固定资产投资实践及模型分析产生较大影响的固定资产投资理论成果比较少。

（一）投资范畴的界定

马克思在《资本论》中提出"以物的形式存在于固定资产投资中"的简单再生产，是农业、工业、包括交通运输业、建筑业、服务业发展的物质基础。社会的生产力也主要体现在固定资产投资的过程中，包括人民群众所需要的生活资料以及劳动工具的生产。这些为满足现实生活需要所进行的生活用品方面的固定资产投资，以及为满足生产方面的需要所进行的投资都可以称之为固定资产投资。

受马克思政治经济学的影响，改革开放之前，甚至是20世纪80年代末期以前，我国理论经济学界一直将投资理论的研究局限于基本建设投资领域，对生产居民生活用品领域的固定资产投资研究比较少。同时，受到苏联计划经济的影响，一般固定资产投资主体只有政府，政府也是固定资产投资的最大受益者，进入90年代以后，随着我国改革开放的顺利进行，我国经济飞速发展，理论经济学界对固定资产投资领域的认识又回归到了固定资产建设的基本思路，固定资产投资的主体也日趋多元，包括私人投资、海外投资等都进入固定资产投资主体的范畴。

（二）关于投资与资本形成的研究

马克思在《资本论》中，并没有对资本与投资理论的形成做专门的研究，他指出，投资就是货币在运动过程中转化为资本，无形中也将资本与投资联系在了一起。实际上，投资是资本运动过程中一个必不可少的环节，是资本创造物质财富的必经阶段，主要从价值生产和使用价值两个维度上对投资与资本的关系进行了分析。他认为投资在资本的运动过程中形成了不变资本与可变资本两个部分，不变资本主要以生产资料的形式出现，可变资本主要以原材料、辅助材料以及劳动力工资的形式表现出来。概括来看，马克思所认为的投资活动就是货币在运动过程中，通过劳动力和生产资料的购买，形成流动资本和固定资本的一种经济活动方式。同时，马克思强调在货币运动过程中可以形成流动资本和固定资本的主要包括生产性的投资，是为了扩大再生产和价值生产，并不包括住宅等生产性的建筑物。另外，他认为教育等人力资本投资也不属于生产性资本，也不应该放入投资的范畴中，人力资本投资实质是改善人力资本投资来提高其物质财富的创造能力，身无分文的产业工人是不可能进行人力资本投资的。

三、科学发展观下的投资理论研究

党的十六届三中全会提出了科学发展观的理念，强调以人为本，坚持人与经济自然协调、全面、可持续发展的思路。科学发展观是中国特色社会主义的核心，也是对其他人类文明发展的借鉴与发展。科学发展观对我国社会主义经济建设的基本问题作了回答，解除了制约我国经济发展的制度与思想障碍，是我国在探索社会主义发展道路过程中提出的独到见解。科学发展观的最终目标是改进人民的福利，以全社会居民的福利为出发点，兼顾不同群体之间的福利水平，兼顾公平和效率，以经济内部的协调发展为经常性的考虑，注重从长期利益出发考虑经济建设目标。科学发展观投资理论主要体现在以下三个方面：

第一，科学发展观的基本目标是投资与经济社会的和谐发展，经济学界取得了一致共识，认为投资是经济发展的主要影响因素，经济增长与投资又是互为因果，投资规模与投资的增长速度决定了未来经济发展以及居民福利的改善，经济发展又反过来决定投资的规模以及资金来源。投资与经济发展的结构性极高，投资的结构决定了产业结构的发展方向，投资的区域结构决定了区域经济的均衡发展。

第二，科学发展观的实施内容就是注重投资结构、投资布局、投资规模等与经济社会协调发展。从宏观方面讲，主要涉及投资结构的区域分布、行业分布以及一段时期内投资的重点领域与区域，经济学界普遍认为投资的变动与发展始终动态影响着经济发展，投资与经济发展的关系也是从相互促进到不协调的相互轮回过程。解决投资建设的关键就是经济发展与投资领域科学发展问题，这些问题的核心就是人民生活水平的提高，以及避免走入中等收入陷阱，这就需要科学发展观确立基本的经济制度与投资体制。

第三，科学发展观实施过程中投资体制机制的设计，是固定资产投资健康可持续发展的保证。科学发展观就是要为投资创造良好的税制环境与制度环境，通过相关法律法规制定以及制度安排外加社会约束实现固定资产投资的协调发展。投资活动也是涉及各个利益主体的根本性的人类活动，需要做好区域之间的协调统筹安排，投资体制机制的设计注重人与自然的协调发展。

第二节　固定资产投资的宏观经济效应相关理论

固定资产投资对宏观经济效应主要表现在两个方面：一是固定资产与经济增长之间的相互关系；二是固定资产投资与经济周期之间的内在经济逻辑。

一、固定资产投资与经济增长相关理论

固定资产投资对经济增长的贡献已经获得理论界的共识，通过对投资概念与内涵的界定，开创了一些诸如投资加速理论、投资乘数、投资利润和投资的双重属性等原理。

（一）国外投资与经济增长相关理论

（1）投资乘数理论。投资乘数理论是凯恩斯经济增长理论的重要组成部分。凯恩斯通过数理模型模拟了投资增长，可以通过边际消费倾向与储蓄率

之间的传动作用，能够带来国民经济数倍的增加，通过一系列的连锁反应，最终带来国民经济的增长，也就是说国民经济最终产出的增加是开始投资规模的数倍①。

（2）投资加速原理。该理论是由法国经济学家阿夫塔利昂提出，他认为经济产出与固定资产投资的关系并不是线性的，当经济处于高涨时期，也就是说经济增长速度比较快的时期，固定资产投资加速。反之，当经济处于减少或者是衰退时期，投资的减少速度也会超过经济产出。这说明投资与产出之间是相互影响与相互补充的。

（3）哈罗德—多马的增长模型。伴随着投资乘数理论与投资加速理论的成熟，在二者理论糅合的基础上，产生了哈罗德—多马模型。哈罗德和多马意识到投资既是经济增长一部分，同时也创造需求，也是需求的一部分。为了使经济体中有足够的需求，并且抵消资本转化为储蓄的部分，需要通过增加投资来加快经济体的发展②，当资本存量增加时，相应的居民福利以及居民消费也会增加。

（4）投资利润原理。波兰经济学家卡来提出了投资利润原理，投资利润原理也是在投资加速原理的基础上发展起来的，他认为投资规模越大，投资的速度越快，那么就会产生更多的利润，利润的增加反过来也会激起企业家的投资热情，会将更多的利润投入到生产经营过程中，从而使投资与利润之间出现双向加速的情形③。

（二）国内投资与经济增长理论研究

国内关于投资与经济增长的理论研究始于 20 世纪 80 年代后期，学者们在马克思政治经济学理论的基础上，引入西方国家的经济增长理论，形成了投资与经济增长理论的研究热潮。张斌（1989）和薛进军（2000）认为，中国的投资对我国改革开放以来的经济增长起到绝对作用，是经济增长的主要推动力，随着我国经济体量的增加，投资规模也在加速增长，二者之间是一个相互促进的过程。王红梅（1990）认为，投资决定于经济，经济是第一位的，投资是第二位的。投资与经济之间相互作用、相互促进，投资增长对经济发展具有双重效应。陈立文和孙静（2002）从效益指标和经济贡献指标两

---

① ［美］保罗·萨缪尔森. 宏观经济学［M］. 16 版. 北京：华夏出版社，1999：254.

②③ 刘明君. 经济发展理论与政策［M］. 北京：经济科学出版社，2004：56 - 58.

个层面上去考察投资对经济增长的影响，并且从定性和定量两个角度考察了投资对经济增长的影响。夏杰长（2000）从投资与经济增长关系的实证研究中寻找财政政策的选择方式。阮海涛（2005）从政府投入的视角考察了政府对固定资产投资的主要引导作用以及主体作用。郑思齐、刘洪玉（2001）着重分析了我国建设投资对经济增长的贡献，他认为建设投资在不同的时期都是我国经济增长的主要驱动力量，特别是在经济处于谷底时，这种拉动作用更大。郭春丽（2001）考察发现固定资产投资的水平决定了产业设备更新换代的速度，也决定了产业结构优化的基础。王大会、李洪刚（2005）和沈秀双（2003）指出，随着市场机制的完善，固定资产投资对经济增长的作用更为显著，投资本身创造的需求也是经济增长的另外一个动力来源。康江峰和白帆（2002）考察了我国工业化中期阶段，固定资产投资与经济增长之间的关联性。

二、固定资产投资与经济周期相关理论

经济发展具有周期性的特点，同样固定资产投资也随经济周期的改变而不断调整，经济周期是固定资产投资的结果，而固定资产投资也是影响经济周期的重要因素。

（一）国外相关理论

国外对经济周期的研究可谓久远，最著名的就是卡尔多经济周期理论、萨缪尔森乘数—加速数理论、希克斯长期波动模型等。

卡尔多对凯恩斯的投资函数进行了拓展，在凯恩斯的收入决定模型的基础上发展了经济周期波动模型，他认为投资模型中应该同时考虑资本产出比与技术进步[①]。通过对比可以发现，相对于资本产出比，如果技术进步增长的速度更快，必然导致资本的边际生产率提高，吸引更多的社会资金进行投资，最终扩大投资规模。反之，如果技术进步停滞不前，也就是说资本产出比的增长速度快于技术进步，那么资本的边际生产率就会下降，那么就会导致配置到投资领域的资金减少，进而导致投资规模减少。

萨缪尔森的乘数—加速数理论与卡尔多的经济周期理论一样，也是对简

---

① 高鸿业. 西方经济学［M］. 2版. 北京：中国人民大学出版社，2000：675–676.

单收入决定理论的一个拓展，将乘数与加速数理论结合起来，探讨投资与产出变动关系的一种理论①。乘数理论主要是指由于投资变动所引致的产出变动，加速数理论则相反，主要考察产出变动所引致的投资变动，萨缪尔森将乘数与加速数理论结合起来解释投资与产出相互变动的关系。乘数—加速数理论主要在投资支出的决定因素中引入产出，而不单单是将投资支出简单地看作是外生变量。另外，乘数—加速数理论认为消费是由收入决定的，投资主要取决于收入变量的滞后一期变量，从而将投资理论从静态和比较静态拓展到动态分析。

希克斯投资长期波动周期模型主要是在乘数—加速数模型的基础上发展而来，乘数与加速数相互作用导致投资增加，收入上升，但投资规模与产出增加必然会碰到一个上限，这个上限就是充分就业的界限。一旦产出增加的上限接近就业的上限，产出与投资也就接近了向上增加的极限，此时，投资与产出就会下降。依据乘数—加速数理论，只要产出增长速度放慢，必然导致投资规模的绝对减少，投资的绝对减少反过来就会影响到产出，带来产出的绝对减少，最终，经济发展进入长期经济波动的下行周期。在经济下行过程中，也会遇到一个下行的界限，此时产出已经下降到谷底，不能再减少，投资规模也不能再减少——触底反弹，经济就进入另一个上行周期。上行周期投资与产出经过乘数与加速数的作用，最终又走到上限。如此循环往复，投资最终形成周期性的波动②。

（二）国内相关理论

国内对投资周期的研究始于 20 世纪 90 年代，部分学者以国外理论为基础，结合中国的现实国情，有针对性地对固定资产投资与经济周期波动的关系进行了实证分析。张风波（1988）研究发现固定资产投资与经济产出之间通过乘数—加速数理论相互作用形成周期性的波动。马建堂（1990）认为，经济周期形成的最主要原因就是固定资产投资，无论是从经验分析，还是通过实证分析都可以发现，固定资产投资是我国经济波动的最主要原因。卢建（1988）对我国固定资产投资与经济波动的关系进行了实证分析，研究发现经济产出的波动性要比固定资产投资的波动性更大，特别是在经济下行时期，固定资产投资的波动性放大了产出的波动性。他认为，不同的经济体制、不

①② 高鸿业. 西方经济学 ［M］. 2 版. 北京：中国人民大学出版社，2000：675－676.

同的历史时期以及经济发展程度的不同，固定资产投资与经济周期的波动性作用机理都不同。在我国计划经济时期，政府投资主要是由行政决策来实行，或者是通过行政指令来安排政府资金，为了某种政治目标或者是政治决策，作出扩大投资规模和经济扩张的决策，此时容易导致固定资产投资速度的快速增长，带来产出的快速增加。经过一段时期，经济失衡，此时政府通过行政决策使固定资产投资加速减少，进而带来产出的加速缩减。进入有计划的市场经济时期，固定资产与产出的周期主要取决于企业与政策投资决策的相互作用，企业的投资决策分散了政府决策给固定资产投资决策带来的波动性，所以固定资产投资已经不像计划经济时期波动那么大了。

殷克胜（1991）研究发现，不但固定资产投资的总量影响经济波动，固定资产投资的结构也会影响经济波动，固定资产投资的总量失衡主要是由于国家过于激进的经济发展计划以及对经济增长速度的追求。固定资产投资的结构失衡主要是由于国家优先发展重工业战略造成的。因此，过去一段时期，经济周期以及固定资产投资周期的波动主要取决于政府行为的变化。改革开放以后，消费需求成为经济周期性波动的另一个重要因素，消费规模以及结构的变化最终决定了经济周期以及投资周期。

第三节　固定资产投资结构研究

前面对固定资产投资理论及其宏观经济效应理论进行了梳理，在此基础上继续探讨固定资产投资结构相关研究，固定资产投资主体结构是本书研究的第一个重点问题。

一、西方学者相关研究

西方学者一般将投资主体分为公共投资和私人投资，研究的重点在于厘清一国政府投资和民间投资的总量关系与结构关系。埃伦堡（Erenburg，1993）利用理性预期模型来检验美国政府支出增加是提高了还是减少了私人资本支出，抑或是没有产生影响，实证研究结果表明，公共投资支出增加显著提高了私人投资资本。马塔亚和维曼（Mataya & Veeman，1996）分析了1967~1988年马拉维公共投资和私人投资之间的关系，在考虑了经济自由化和紧缩的货币政策与财政政策后，认为在公共投资和私人投资均是内生变量的假定下，公共投资和私人投资是一种互补关系，即公共投资挤进了私人投资。哈利法·H. 加尔（Khalifa H. Ghal，1998）借鉴巴特和科德斯（Barth & Cordes，1980）模型，运用多变量协整分析方法分析了 IMF 债务稳定计划发展国家公共投资与私人投资之间的相互关系，实证分析表明，不管是从短期还是长期来看，这些国家公共投资对私人投资产生了负面影响，即存在挤出效应，主要原因在于通过外部和内部的负债融资的公共资本支出，挤压了私人投资融资①。昂等（Ang et al. ，2009）运用多变量协整分析方法对马来西亚 1960～2003 年的数据进行实证分析，认为公共投资和私人投资存在着互补关系，而不是相互竞争的关系。

二、国内学者相关研究

我国投资主体多元化是随着投资体制改革过程形成的。姚振炎（1994）、田江海和张昌采（1995）、曾培炎（1999）以及耿明斋（2001）等对我国投资体制改革 15 年（1978～1993 年）所取得的主要成就作了比较全面的分析和评价，认为我国投资体制在以市场化为取向的改革进程中，企业逐步取代政府成为主要的投资主体，投资主体结构也呈现多元化特征。聂曙光（2007）在其《转型期投资主体行为的研究》中把固定资产投资主体划分为政府主体和企业主体，探讨了转型期投资主体行为与产业结构演进关系，论述了政府投资和企业投资的现状及成因，认为投资行为决定了投资产业结构，论述了国有企业和非国有企业的投资行为对产业结构调整的决定作用。

国内学者一般将投资主体分为政府投资和民间投资，对过往文献的梳理可以发现，国内学者的争论主要集中于政府投资对私人投资的挤出效应。部分学者认为，政府投资对民间投资没有挤出效应，相反政府投资对民间投资具有引导效应，带动了私人投资在某些领域的发展。曾令华（2000）、贾松明（2002）、郭庆旺等（2003，2005，2007）、刘小文（2008）、董志强等（2012）采用不同的研究方法与研究样本对我国政府投资与私人投资之间的逻辑关系进行了实证分析，研究发现政府投资对民间投资没有挤出效应，相

---

① 张中华，郑群峰. 西方公共投资和私人投资关系研究综述 [J]. 经济学动态，2010（9）：122－126.

反政府投资对民间投资具有一定的引导与拉动效应。庄龙涛（1999）、高铁梅等（2002）、王树华和方先明（2006）、楚尔鸣和鲁旭（2008）、张辑（2010）、贾明琪等（2012）、陈工和苑德宇（2010）持有相反的结论，运用动态面板数据对我国不同时段、不同时期固定资产投资进行了研究。他们发现，政府投资本身就是对社会资金的占有，同一时期全社会的资金总量是有限的，政府投资过多必然导致私人投资减少，同时政府投资会引致对资金需求的数量增加，资金需求量的增加导致利率升高，利率升高会将一部分民间资本挤出投资领域。同时，在深入研究的过程中，他们发现政府投资对民间投资的挤出主要发生在生产性投资领域，挤出效应可以说是完全的，在其他社会性领域固定资产投资的挤出效应并不大。刘国光（2002）、王玺和张勇（2009）则持有不同的观点，他们认为政府投资对民间投资的挤出效应主要是源于制度性或者是周期波动等原因。综合来看，国内外学者对投资主体间的关系有了较为全面的观察，对于公共投资（政府投资）对私人投资（民间投资）的影响效应进行了深入的研究，形成了丰富的理论宝库。

第四节　固定资产投资效率相关研究

固定资产投资效率是本书第二个研究重点，国内外学者对于固定资产投资效率的研究视角有所不同，多数学者从资源配置的角度对固定资产投资效率进行评价与分析，部分学者运用投入产出法，定量测算了固定资产投资效率。通过对已有文献的梳理可以看出，国内相关研究都是以过往的学者的研究作为基础。固定资产投资的效率可以从两个方面来衡量（秦朵、宋海岩，2003），其一是投资的生产效率，它反映了资本在生产过程中被有效利用的程度；其二是资本的配置效率，它表示作为稀缺资源的资本是否配置在能够产生最高回报的行业或地区。

一、关于投资生产效率的研究

国外研究中，投资效率主要限于微观层面，宏观层面的概念并没有得到广泛使用，也没有普遍明确的内涵。形成这种研究格局的原因是，发达国家的固定资产投资主要是由私人来主导，政府投资规模比较小，同时政府对私人投资干预不大，基本都是靠市场来配置投资。相反，在发展中国家，由于市场不完善，没有建立起市场经济体制，不但政府投资的规模比较大，同时私人投资容易受到政府干预，投融资体制对固定资产投资效益影响比较显著，政府干预以及投资融资体制对发展中国家投资造成了一定的效率损失。阿绍尔（Aschauer，1989）、坦兹和哈木德（Tanzi & Hamid，2000）、范和鲁滨逊（Fan & Robinson，2003）以及世界银行（2005）等对经济发展地区特别是中国政府投资引发的效率与公平问题进行了研究。因此，对投资效率的研究，更大程度上是带有"发展中国家特色"的研究。

国内关于固定资产投资效率的测算，目前还没有形成统一的方法。叶裕民（2001）运用我国省级面板数据，对我国索罗剩余进行了检测，并对我国省级全要素生产率进行了测算，研究发现经济结构特别是产业结构的变化是全要素生产率提高的重要原因，投资所引致的资本深化程度不同也是国内发达地区与欠发达地区全要素生产率差异的主要原因。武剑（2002）主要运用产出与投资的比值对我国不同地区之间的投资效率进行了分析，运用我国1995~2000年省际面板数据定量测算以后，发现东部地区最高，西部地区最低。张军（2005）主要用增量资本产出率对我国的固定资产投资效率进行了分析。李治国和唐国兴（2006）采用我国1978~2000年数据计算了我国改革开放以后资本存量与经济产出之间的比值，通过比值来测算固定资产的投资效率，分析固定资产投资效率变动的具体原因。樊潇彦、袁志刚（2006）通过详细的讨论，认为用ICOR、K/Y和I/Y来衡量宏观投资效率是不恰当的，这些指标的大小和变动趋势与宏观投资效率之间没有必然的、准确的对应关系，不能用来判断一个国家是否存在"过度投资"或投资效率出现恶化。靳庆鲁、孔祥、侯青川（2012）考察了货币政策对民营企业融资约束和投资效率的影响，发现高盈利能力公司的增长期权价值在宽松货币政策时期更大，而低盈利能力公司的清算期权价值在紧缩货币政策时期更高。

二、关于资本配置效率的研究

国外对于固定资产投资效率的研究主要从资源配置这个角度切入。马格勒（Wurgler，2000）认为，通过固定资产投资进行资源配置，并提出定量测算配置效率的方法与思路，经过测算，资本配置效率高的地区固定资产流入，资本配置效率低的地区流出。加林多等（Galindo et al.，2007）主要运用投资规模与最终产出的比值来衡量固定资产投资的效率，此种方法具有一定的局限性，没有考虑到影响产出的其他因素。贝克和莱文（Beck & Levine，2002）运用动态面板数据实证分析，发现金融生态与固定资产投资效率存在着显著的正相关关系，金融生态越高，固定资产配置效率越高。阿尔梅达和沃尔芬森（Almeida & Wolfenzon，2005）主要检验了融资约束、贷款能力、贷款年限等因素对固定资产投资效率的影响，研究结果表明较多的融资约束不利于固定资产投资效率的提高。上田敦（Atsuku Ueda，1999）和町（Cho，1988）运用时间序列数据对韩国的固定资产投资效率进行了检验。综合来看，国外研究资本配置效率主要有两条路径：一条是基于金融市场的视角，分析金融市场促进经济增长作用的机制来间接分析资本配置效率问题，基于该视角的研究文献较为丰富，但对本书的参考价值不大；另一条是基于实体经济部门的视角，最具影响的是杰弗里·沃格勒（Jeffrey Wurgler，2000）的研究成果，他选取了全球有代表性的 65 个国家的 28 个制造业部分，运用跨时 33 年的数据，对样本国家的资本配置效应，特别是资本形成影响资本配置效率的作用机理与动态影响机制进行了深入考察，并对发达国家和发展中国家进行了比较研究。考察发现，发达国家的资本配置效率特别是股票市场的资本配置效率明显高于发展中国家。但是，无论是发达国家还是发展中国家，资本配置效率与股票的发展程度呈现正相关关系，这一研究思路也被后续诸多学者引用。

我国大部分学者参考杰弗里·沃格勒的方法对国内资本配置效率进行了实证研究。国内对于固定资产投资效率的研究主要分为两个角度：一是从宏观角度对固定资产投资效率进行研究；二是从微观角度对固定资产投资效率进行研究。国内关于固定资产投资效率的文献相对较少。袁志刚（2000）和史永东（2002）通过我国省级面板数据，研究了我国固定资产投资效率，认为 20 世纪 90 年代我国固定资产投资基本处于无效率的状态。吴俊培（2003）主要从生产执行效率和资源配置效率两个方面对公共投资效率进行了分析，生产执行效率涉及微观管理层面，资源配置效率是一个总量和结构的问题。李森、张宝清（2006）分别从微观、中观和宏观三个维度对固定资产投资效率进行了研究。其中，微观层面的效率主要体现于具体的固定资产投资项目，中观层面的效率主要体现于固定资产投资结构与社会对公共产品的需求结构保持一致，宏观层面的固定资产投资效率应该有利于经济效应的优化。王谦、王旭东、刘蕾（2008）考察了固定资产投资的社会效率和经济效率，认为固定资产投资不仅具有经济效率，还具有一定的社会效率，应全面分析这两个方面。

韩立岩、蔡红艳等（2002）选取我国有代表性的 39 个工业行业，运用 20 世纪 90 年代的数据，对我国固定资产投资资本配置效率进行了定量测算。米运生、李永杰（2006）运用杰弗里·沃格勒模型，对我国引进外资的利用情况进行了考察，考察发现我国不同区域、不同时间段对引进外资的利用情况并不一致，特别是外资的投资效率也不一样，总体来看，东部地区对外资的利用效率显著高于其他地区。方军雄（2006）研究了运用我国改革开放以后的宏观数据，具体分析了市场化进程对我国固定资产配置效率的影响，认为随着我国市场化进程的深入，资本配置效率也在提高。郭国峰（2006）、刘玉珍（2010）、任歌（2011）均研究了固定资产投资在东中西部的效率差异，并一致认为固定资产投资对经济增长具有显著的正效应，但其效率在地区之间存在差异。王荣森（2013）运用我国省级面板数据，分别对农村、城市、发达地区与欠发达地区的固定资产投资效率进行了分析，研究发现我国城乡之间固定资产投资效率差异巨大。郑群峰（2013）利用西部大开发以来各省区的数据构造了空间计量模型，借鉴杰弗里·沃格勒（2000）提出的行业投资弹性系数模型，测算了西部大开发以来我国民间资本、国有资本以及 FDI 的配置效率。结果发现，国有资本配置效率最低，民间资本配置效率最高，FDI 配置效率居中，但是和发达国家相比，这三者的资本配置效率均较低。

综合来看，国外对资本效率的研究主要集中于国家层面和国际比较的层面上，并对发达国家股票市场的配置效率进行了深入研究，同时具体分析了资本配置效率差异的深层次原因。而国内对固定资产投资效率的分析基础数据主要是升级面板数据，更多的是对不同时间维度不同空间维度的资本效率进行了深入探讨，如欠发达地区与发达地区资本效率的比较，城乡二元体制下资本效率的对比等。影响因素的分析方面，更注重体制性原因，特别是市场化进程，金融生态以及对外开放的程度等。通过对过往学者的研究梳理发现，已有文献的研究存在如下缺陷：就国外的研究来说，大多数研究都集中于工业行业的资本配置效率，缺乏对行业和地区的配置效率进行深入探讨和定量分析。国内的研究大多是照搬了国外的研究方法，比照国外数据样本，设计国内资本配置效率问题的研究，没有结合我国具体国情，研究主要集中在行业和地区角度，缺少不同投资主体视角下的相应研究，特别是不同细分主体固定资产投资效率的研究，缺乏系统性。

第五节 相关文献述评

已有文献的研究为本书的写作提供了诸多有益借鉴，奠定了理论基础，也有助于本书形成研究框架。同时，本书对已有文献进行梳理过程中，也发现存在一定的局限性与不足。

一、相关研究评价

已有文献对固定资产投资的研究主要体现在以下五个方面：第一，固定资产投资与经济增长的关系；第二，固定资产投资与经济周期，特别是投资周期与经济周期的互动；第三，不同的经济发展阶段固定资产投资的作用以及方式；第四，固定资产投资结构；第五，固定资产投资效率。具体见表 2 – 1。

表 2 – 1　　　　　　　固定资产投资相关研究的评述

研究内容	国外代表性人物	国内代表性人物	主要观点
固定资产投资理论	亚当·斯密，大卫·李嘉图，阿夫塔利翁	厉以宁、吴敬琏	（1）投资范畴的界定；（2）投资与资本形成的关系；（3）投资的科学发展观
固定资产投资与经济增长相关研究	凯恩斯、哈罗德、卡莱等	张斌、薛进军、王红梅等	（1）固定资产投资与经济增长是相互作用、相互促进的；（2）固定资产投资是经济增长的重要推动力
固定资产投资与经济周期相关研究	卡尔多、萨缪尔森、希克斯	张风波、马建堂、卢建等	（1）固定资产投资与经济周期的波动具有同方向关系；（2）固定资产投资周期在一定程度上大于经济周期的波动幅度
固定资产投资结构相关研究	格伦多、刘易斯等		（1）固定资产投资的来源结构；（2）固定资产的使用结构；（3）固定资产的投资规模与结构本质上取决于经济发展
固定资产投资效率相关研究	贝克、莱文、奥特苏克等	吴俊培、李森、张宝清、王谦等	（1）固定资产投资的宏观效率；（2）固定资产投资的中观效率；（3）固定资产投资的微观效率

二、相关研究存在的问题

关于固定资产投资的研究中主要存在以下几个问题：

第一，固定资产投资与经济增长与经济周期的关系。现在的研究更多的是从某一个方面展开，大多数学者通过经济增长理论、系统均衡理论，利用时间序列数据或者是面板数据，实证分析固定资产投资和经济增长之间的关系，很少有学者系统、全面地分析固定资产投资与经济协调发展的关系。

第二，固定资产投资效率的研究大多是从宏观总量的视角进行的。固定资产投资对经济增长、经济周期的影响都是从总量进行检验，很少从固定资产投资结构的动态变迁来分析固定资产投资对资源配置的影响。实际上，固定资产投资对经济增长、经济周期的影响是一个动态的结构调整与经济转型的过程。

第三，从研究对象上来看，国内针对固定资产投资问题的研究大多是将全国总量作为研究对象，部分学者也将全国分为东、中、西三个部分进行研究，很少在研究中具体分析省份固定资产投资效率，以及各个行业的固定资产投资效率。鉴于各个地区资源禀赋与地理环境的差异，将全国总量作为研究对象考察固定资产的投资效率未必具有普遍适应性。

第四，对固定资产投资的研究大多是从经济学角度进行的，很少有文献从管理学的视角对固定资产投资进行考察，对于具体的指标设定只是讲究测度方法与测度效果的可计算性，并不注重研究成果的实践应用性。

第三章　固定资产投资发展历程
与投资主体结构的演进

拉动经济发展的"三驾马车"——投资、消费、出口。固定资产投资直接影响国民经济发展的速度、效益以及结构，是经济发展的最大推动力。如果我们将固定资产投资分解，那么投资结构和投资取向就构成了固定资产投资的全部。投资结构主要是指固定资产投资主体结构、区域结构、行业结构等。

第一节　固定资产投资发展历程

一、新中国成立初期固定资产投资

新中国成立以后的 10 多年，我国经济经历了三个阶段：第一阶段国民经济恢复阶段；第二阶段为 1953 年开始的国民经济第一个五年计划；第三阶段为 1958 年开始的"大跃进"时期。这三个阶段经济发展目标不同，固定资产投资差异巨大，既有比较成功的经验，也有很多投资失败的经历。但不可否认，第一个五年计划是我国固定资产投资重要阶段，它为我国工业发展、工业体系的构建打下了初步的基础。

第一个阶段，1949 ~ 1952 年，国民经济恢复时期。这一时期总体来看，固定资产投资规模比较小，财政收入比较少。这一时期固定资产投资的主要任务就是恢复国民生产、医治战争（抗美援朝）创伤。三年期间，中央政府加上地方政府自筹固定资产投资累计超过 130 亿元①，使战争创伤得到医治，

---

① 国家统计局. 中国科学技术四十年：统计资料 1949 – 1989［M］. 北京：中国统计出版社，1990.

生产得以恢复，具备了一些简单工业品的生产能力，为第一个五年计划大规模的经济建设和工业品生产打下了基础。

第二个阶段，1953～1957 年，我国国民经济发展的第一个五年计划时期。这也是我国固定资产投资大规模开始的时期，经过第一阶段国民经济恢复期，我国经济工作的重心已经从恢复生产、医治战争创伤转移到发展国民经济这个层面，同时提出了固定资产投资的总目标，固定资产投资要为国家的工业体系建设服务。五年计划中，国家累计固定资产投资超过 500 亿元，年均投资超过 100 亿元[①]。这一时期，国家也权衡消费与积累，并不是将所有的剩余都用于积累，很大一部分产品也用来满足人民需求，经济发展取得了比较好的预期效果，为后续经济发展奠定了良好的基础。

第三阶段，1958～1960 年，"大跃进"时期。这一时期，我国固定资产投资规律被打乱，最典型的特征就是固定资产投资三年累计超过 1000 亿元，年均投资额超过 300 亿元，是第一个五年计划固定资产投资规模的 3 倍[②]，严重超出了国民经济承受限度，加之片面强调工业发展过程的钢产量指标，造成国民经济发展失衡。

二、20 世纪 60 年代的固定资产投资

20 世纪 60 年代前五年，国家主要是对固定资产投资的方向进行了调整，特别是积累与消费的关系，并调低了固定资产投资规模，使之与国民经济发展相协调，使各种比例关系趋于合理化。这一时期，物质基础有所增强，内地的工业技术基础也获得了改善。从 1966 年开始，中国进入了国民经济发展的第三个五年计划。这一时期，国民经济投资重点发生了变化：其一，投资的地区发生了重大变化，固定资产投资超过半数主要投向了西部三线地区用于战备，由于这些地区经济落后，工业基础薄弱，致使大量的固定资产浪费，而东部沿海地区固定资产投资比重减少；其二，固定资产重点投向了国防工业，生活用品以及民用设备建设非常稀缺，对居民生活水平的提高带来了严重的负面影响；其三，"文化大革命"开始，国民经济发展受到了严重的冲击，即使是"三线建设"也受到了严重的破坏，但全国人民坚持发展生

---

①② 国家统计局国民经济核算司. 中国国内生产总值核算历史资料 1952－2004［M］. 北京：中国统计出版社，2007.

产，还是取得了一定的成果。整个 20 世纪 60 年代，"三线建设"虽然受到冲击比较大，但整体来看还是取得了一定的效果，地方工业体系的建设初具规模。

三、20 世纪 70 年代的固定资产投资

进入 20 世纪 70 年代，我国国际环境发生了重大变化，中美关系向好，中日邦交逐渐正常，中国在联合国的席位恢复。这一时期，我国固定资产投资逐渐回复正常，并从西方发达国家进口了大量的设备，年均固定资产投资超过 300 亿元①。1978 年改革开放以后，引进外资成为固定资产投资的亮点，中国的固定资产投资步入有序轨道。

四、改革开放至今的固定资产投资

改革开放以来，我国经济增长逐步踏入正轨，固定资产投资规模快速增长（见表 3 - 1），结构也日趋合理。

伴随着中国经济快速增长，固定资产投资对经济增长的贡献逐步加大，很长一段时期内，固定资产投资对经济增长贡献超过 50%。由表 3 - 1 可以看出，改革开放以后我国固定资产可分为四个阶段：第一个阶段是 1980 ～ 1993 年，整体来看固定资产投资增长率比较高；第二个阶段是 1994 ～ 2001 年，投资速度比较平缓；第三个阶段是 2002 ～ 2010 年，固定资产投资速度维持在一个比较高的水平；第四个阶段是 2010 年至今，固定资产投资需求理性调整阶段，特别是进入 2010 年以来，我国固定资产投资趋向于合理与平稳，不再是单纯地依靠粗放的投资来拉动经济增长。

通过对图 3 - 1 的实证分析可以发现，1993 ～ 2001 年，我国固定资产投资绝对规模增加速度比较平稳，固定资产投资占 GDP 的比重也比较平稳，基本维持在 30% ～ 40%；2002 年以后，固定资产投资绝对规模快速上升，从 2002 年的 4.3 万亿元，上升到 2014 年的 52 万亿元，增长了 12 倍，固定资产投资占 GDP 的比重从 2002 年的 40% 上升到 2014 年的 80%。

---

① 国家统计局国民经济核算司. 中国国内生产总值核算历史资料 1952 – 2004 ［M］. 北京：中国统计出版社，2007.

表 3 – 1   **固定资产投资与经济增长率**

年份	固定资产投资总额（亿元）	投资增长率（%）	经济增长率（%）	年份	固定资产投资总额（亿元）	投资增长率（%）	经济增长率（%）
1981	961.00	24.91	7.59	1998	28 406.20	5.10	6.88
1982	1 200.40	14.05	8.87	1999	29 854.70	10.26	6.30
1983	1 369.06	33.88	12.05	2000	32 917.70	13.05	10.73
1984	1 832.87	38.75	20.89	2001	37 213.50	16.89	10.55
1985	2 543.19	22.70	25.01	2002	43 499.90	27.74	9.79
1986	3 120.60	21.51	14.04	2003	55 566.60	26.83	12.90
1987	3 791.69	25.37	17.33	2004	70 477.40	25.96	17.77
1988	4 753.80	-7.22	24.69	2005	88 773.60	23.91	15.74
1989	4 410.40	2.42	13.17	2006	109 998.20	24.84	17.15
1990	4 517.00	23.85	9.86	2007	137 323.90	25.85	23.15
1991	5 594.50	44.43	16.60	2008	172 828.40	29.95	18.24
1992	8 080.10	61.78	23.58	2009	224 598.80	12.06	9.25
1993	13 072.30	30.37	31.18	2010	251 683.77	23.76	18.32
1994	17 042.10	17.47	36.34	2011	311 485.13	20.29	18.47
1995	20 019.30	14.46	26.12	2012	374 694.74	19.11	10.44
1996	22 913.50	8.85	17.07	2013	446 294.09	14.73	10.16
1997	24 941.10	13.89	11.00	2014	512 020.65	9.76	8.19

资料来源：1981～2014 年《中国统计年鉴》、WIND 数据库。

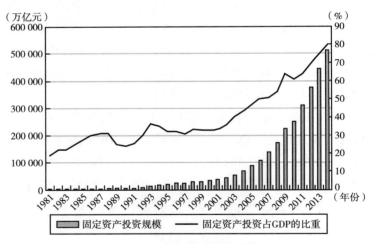

图 3 – 1   固定资产投资规模

资料来源：1981～2013 年《中国统计年鉴》、WIND 数据库。

图 3 - 2 为我国固定资产与 GDP 1981～2014 年增长速度。可以看出，
1981～1993 年我国固定资产投资增长速度起伏比较大，个别年份还出现负增
长，1988 年增长速度为 -7.23%，总体来看，GDP 增长速度滞后于固定资产
投资增长速度。1993～2002 年，我国固定资产投资增长速度总体是先下降后
上升，从 1993 年的 30.37% 下降到 1998 年的 5.10%，然后增长到 2002 年的
27.74%。而 GDP 增长速度基本处于下降的趋势，从 1993 年的 30% 多，下降
到 2002 年的 10% 左右。2002～2010 年我国固定资产投资增长速度比较平稳，
基本维持在 25% 左右，GDP 增长速度也相对平稳，维持在 17% 左右。2010～
2013 年，我国固定资产投资和 GDP 增长重现下降的趋势，固定资产投资从
23.76% 下降到 9.76%，GDP 增长速度从 18.32% 下降到 8.19%。

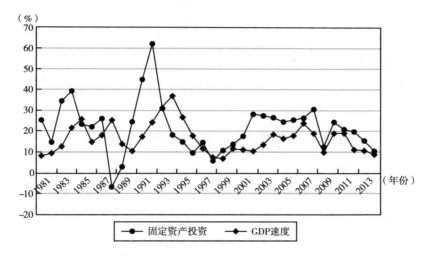

图 3 - 2 固定资产投资与 GDP 增长速度

资料来源：1981～2013 年《中国统计年鉴》、WIND 数据库。

（一）固定资产投资发展起步阶段（1981～1992 年）

改革开放以后，我国固定资产投资快速增长，出现了第一个投资高潮。
快速增长的固定资产投资致使经济出现过热，通货膨胀压力加大，1985 年通
货膨胀率接近 10%[1]。这种情况下，我国政府不得不出台一些抑制固定资产
投资增长的措施，以稳定经济增长速度。综合来看，这一时期固定资产投资

---

[1] 1985 年《中国统计年鉴》。

处于一个摸着石头过河的阶段，投资增长率受到国家政策调控影响很大，出现比较大的波动，这也与当时我国经济发展所处的阶段有直接关系。

（二）固定资产投资快速发展阶段（1993～2001 年）

这一时期，政府对经济发展与固定资产投资的掌控更趋向于合理，也促进了我国固定资产投资的快速发展。

1992 年党的十二大胜利召开，解放了思想，统一了意识形态，这对我国经济发展起到了积极的作用。1993 年我国固定资产投资增长速度超过了30%，固定资产投资完成额达 13 072.3 亿元。1996 年后，我国固定资产投资速度有所下降，为 8.8%，1998 年为 5.1%，但仍为正向发展期，1998 年的固定资产投资完成总额为 28 406.2 亿元。2001 年，我国固定资产投资增长速度恢复至 16.9%，固定资产投资完成总额高达 37 213.5 亿元，约为 1993 年固定资产投资完成额的 2.85 倍①。综上所述，我国固定资产投资的绝对规模增长迅速，增加速度平稳。这充分体现了我国政府对经济发展形势的把控趋于合理，固定资产投资也进入了一个快速发展阶段。

（三）固定资产投资平稳发展阶段（2002～2010 年）

2002～2010 年，我国固定资产投资增长速度比较平稳，基本维持在 25%左右，GDP 增长速度也相对平稳，维持在 17% 左右②。但也有部分行业固定资产投资过热，其中，煤炭、电解铝、钢铁、水泥等行业固定资产投资规模巨大，产能严重过剩。为防止经济过热，政府出台了抑制产能过剩行业固定资产投资的政策，我国经济增长动力也随之转变，从依靠投资逐渐转变为依靠消费来拉动经济。总体来看，这一时期，政府从关注固定资产投资的数量逐渐转变为关注固定资产投资的质量与结构，避免出现盲目投资与重复投资，并致力于形成经济的增长由消费、投资和出口协调带动的局面。

（四）投资结构、经济结构调整阶段（2010 年以后）

2010 年以后，我国固定资产投资和 GDP 增长重现下降的趋势，固定资产投资的主要目标是，通过固定资产投资来转变经济发展方式，实现经济平稳

---

① 1993～2001 年《中国统计年鉴》。

② 2002～2010 年《中国统计年鉴》。

发展，固定资产投资与经济增长速度每年都略有降低。总体来看，中国这一时期主要是通过固定资产投资对产业结构进行调整，出台了一系列振兴计划，加大对中西部和东北地区的固定资产投资，改善区域经济发展布局。

综合来看，改革开放以来我国固定资产投资的快速增长，很大程度上得益于以下两个因素：第一，宏观经济快速增长，特别是进入 21 世纪以后，我国平均经济增长速度超过 10%，这是固定资产投资快速增长的一个基础；第二，源于投资主体多元化发展，计划经济时代，政府和国有企业是固定资产投资的主要资金来源，现阶段固定资产投资的主体更为多元，对社会资金的吸纳能力也更为多元。

第二节 资产投资主体结构及其演进轨迹

投资结构是固定资产投资的一个重要方面，主要是指投资的资金来源结构、投资的主体结构、投资的区域结构等，对固定资产投资结构的研究就是对系统的变量之间相互关系的研究，目的在于弄清楚各种投资现象，从而考察固定资产投资对经济效率提高的影响。本节主要考察投资的主体结构以及不同投资主体的行业结构、区域结构概况。

一、各投资主体演进轨迹

表 3-2 为国有经济、股份制经济、有限责任经济、私营企业经济、联营经济、港澳台商投资经济、个体经济、外商投资经济等投资主体的发展轨迹。表 3-3 为占比比较大的国有企业、有限责任企业、股份有限公司、私营企业等投资主体的固定资产投资概况。

表 3-2　　2006～2014 年全国各经济类型固定资产投资及其发展情况 单位：万亿元

主体类型	2006 年	2007 年	2008 年	2009 年	2010 年	2011 年	2012 年	2013 年	2014 年
国有企业	3.30	3.87	4.87	6.97	8.33	8.25	9.62	10.98	12.50
集体企业	0.36	0.46	0.63	0.85	1.00	1.02	1.20	1.33	1.52
股份合作	0.08	0.09	0.10	0.12	0.14	0.16	0.17	0.19	0.20
联营企业	0.05	0.06	0.06	0.07	0.08	0.10	0.13	0.14	0.16
有限责任	2.63	3.35	4.20	5.36	7.03	8.63	10.25	12.16	13.65

续表

主体类型	2006 年	2007 年	2008 年	2009 年	2010 年	2011 年	2012 年	2013 年	2014 年
股份有限	0.82	0.97	1.21	1.41	1.72	1.90	2.15	2.33	2.24
私营企业	1.93	2.71	3.56	4.69	6.06	7.13	9.14	12.12	14.95
个体	0.52	0.61	0.72	0.89	0.95	1.05	1.16	1.24	1.26
其他企业	0.24	0.29	0.39	0.56	0.77	1.03	1.57	1.92	2.43
港澳台商	0.47	0.60	0.70	0.71	0.83	0.94	1.03	1.10	1.19
外商投资	0.61	0.74	0.85	0.84	0.89	0.93	1.05	1.11	1.11

资料来源：2006～2014 年《中国统计年鉴》、WIND 数据库。

通过表 3 - 2 可以看出，集体企业固定资产投资规模一直不大，股份合作、股份联营企业固定资产投资规模基本维持不变，个体、港澳台企业、外商投资企业三个主体的固定资产投资增加幅度比较小。这说明，随着我国经济的发展、自身经济实力的加强，以及经济规模的扩大，集体企业、外商投资企业、港澳台企业已经逐渐从投资的主体转变为固定资产投资的边缘角色。国有企业固定资产投资从 2006 年的 3.3 万亿元增加到 2014 年的 12.5 万亿元，增加了 4 倍，有限责任企业投资规模从 2006 年的 2.63 万亿元增加到 2014 年的 13.65 万亿元，增加了 5 倍，股份有限企业固定资产投资规模从 2006 年的 0.82 万亿元增加到 2014 年的 2.24 万亿元，增加 2 倍多，私营企业固定资产投资规模从 2006 年的 1.93 万亿元增加到 2014 年的 14.95 万亿元，增加 7 倍多。通过固定资产投资规模也可以看出，国有企业、股份制企业、有限责任企业、私营企业是固定资产投资的主力。

表 3 - 3　　　　　　　**2006～2014 年全国固定资产投资经济类型构成**

年份	国有企业	有限责任公司	股份有限公司	私营企业	其他企业
2006	0.29967	0.2388	0.07431	0.17515	0.21210
2007	0.28186	0.2440	0.07030	0.19701	0.20681
2008	0.28181	0.24327	0.06973	0.20584	0.19935
2009	0.3103	0.2386	0.06274	0.20883	0.17952
2010	0.29957	0.25284	0.06185	0.21779	0.16795
2011	0.26484	0.27691	0.06107	0.22902	0.16815
2012	0.25680	0.27358	0.05734	0.24399	0.16829
2013	0.24614	0.27248	0.05211	0.27160	0.15767
2014	0.24414	0.26651	0.043692	0.29205	0.15356

资料来源：2006～2014 年《中国统计年鉴》、WIND 数据库。

从固定资产投资的主体结构类型来看，投资主体结构更趋于多元化，2006 年，国有企业投资所占比重为 29.97%，有限责任企业投资所占比重为 23.88%，股份有限企业投资所占比重为 7.43%，私营企业投资所占比重为 17.52%，其他企业投资所占比重为 21.21%。2014 年，国有企业投资所占比重为 24.41%，有限责任企业投资所占比重为 26.65%，股份有限企业投资所占比重为 4.37%，私营企业投资所占比重为 29.21%，其他企业投资所占比重为 15.36%。可以看出，国有企业投资所占比重在逐渐下降，有限责任企业投资所占比重略有上升，股份有限企业投资所占比重略有下降，私营企业占比上升最快，上升幅度超过 12 个百分点，其他类型企业占比大幅下降，下降幅度超过 6 个百分点。这说明国有企业已经从固定资产投资的主力变为重要力量，国有企业的主导力量在下降，私营企业经济规模在快速扩大，固定资产投资结构多元化格局基本形成。

图 3-3 为国有经济、股份制经济、有限责任经济、私营企业经济、联营经济、港澳台商投资经济、个体经济、外商投资经济等投资主体固定资产投资构成。

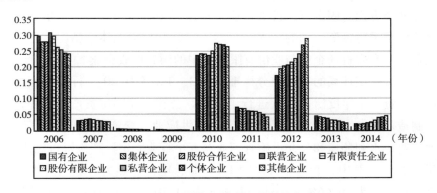

图 3-3　固定资产投资主体结构构成

资料来源：2006~2014 年《中国统计年鉴》、WIND 数据库。

由图 3-3 可以看出，2006 年以来，国有企业固定资产投资份额逐渐减少，私营企业固定资产投资所占的份额越来越大，有限责任企业固定资产所占比重也在增加，集体企业、股份有限公司及个体企业固定资产投资均存在下滑趋势。从固定资产投资结构构成也可以看出，国有企业、有限责任企业、股份有限企业、私营企业所占固定资产投资的比重在历年中都是比较高的，是固定资产投资的主要主体。

二、固定资产投资主体分行业投资结构

行业结构一定程度上取决于投资主体的投资行为，投资主体把资金投向哪个行业，对行业结构有决定性影响。尽管所有投资主体都有寻求投资收益最大化的动机，但是由于不同投资主体决定投资行为的制约和影响因素有一定差异，导致其行业投资结构可能存在一定差异。本书的行业分类采用2011年国家统计局第三次修订的分类标准，分20个门类。由于行业门类众多，如果再对投资主体细分，将导致某些投资主体的多数行业投资比重近乎为零，失去比较的意义，因此，本节采纳多数研究者的分类，将投资主体归纳为公有主体、私有主体与境外投资主体。境外投资主体（包括港澳台商投资经济、外商投资经济）由于占比较小，不再单独分析。

（一）公有主体分行业投资结构

从投资主体的社会属性角度入手，将固定资产投资主体从公有主体与私有主体两个方面对固定资产投资行业结构进行分析。公有主体是指运用国有或集体资金进行投资活动的法人或自然人，公有投资主体包括国有企业、集体企业以及有限责任企业与股份有限企业中的国有控股企业。

依据国家统计局的行业划分标准，表3-4对全国20个行业公有主体固定资产投资在本年度所占比重进行了分析。公有主体固定资产投资中，2004年，制造业、电力热力燃气及水的生产和供应业、交通运输仓储和邮政业、房地产业、水利环境和公共设施管理业等五个行业固定资产投资占比比较高，都超过10%。其中，制造业占比为13.91%，电力、热力、燃气及水的生产和供应业占比为16.66%，房地产业占比为11.10%，水利环境和公共设施管理业占比为12.93%。采矿业、公共管理社会保障和社会组织两个行业固定资产投资占比超过5%，其他行业占比比较小，有的不超过个位数。

图3-4为公有主体固定资产投资主体结构构成，通过对比可以发现，2004~2014年，固定资产投资出现增长趋势的行业包括农林牧渔业、房地产业、水利环境和公共设施管理业、建筑业等行业。其中，公有企业固定资产投资房地产行业占比增长两倍，这也可以从侧面解释房地产业库存较大的原因。采矿业、制造业、电力热力燃气及水的生产和供应业、信息传输软件和信息技术服务业、教育、公共管理社会保障和社会组织等行业固定资产投资占

表 3—4　　　　　　　　　　公有主体固定资产投资分行业比重

单位：%

行业	2004年	2005年	2006年	2007年	2008年	2009年	2010年	2011年	2012年	2013年	2014年
农、林、牧、渔业	1.29	1.41	1.49	1.57	1.79	2.00	1.86	2.39	2.35	2.52	2.56
采矿业	5.12	6.13	6.14	6.30	6.43	5.34	5.02	5.02	4.63	4.47	3.83
制造业	13.91	15.41	16.23	15.36	14.50	13.85	12.50	11.31	10.76	10.33	10.22
电力、热力、燃气及水的生产和供应业	16.66	14.37	12.14	12.88	13.57	11.16	11.08	11.10	9.59	9.07	7.92
建筑业	1.14	1.07	0.93	1.09	1.09	1.07	1.27	1.67	1.71	1.38	1.34
交通运输、仓储和邮政业	18.74	19.96	20.31	19.71	19.33	21.56	21.68	18.96	17.61	17.31	18.08
信息传输、软件和信息技术服务业	3.66	2.93	2.55	2.23	2.07	1.92	1.48	1.14	1.16	1.07	1.15
批发和零售业	1.31	1.14	1.17	1.19	1.22	1.16	1.06	1.20	1.34	1.39	1.28
住宿和餐饮业	0.40	0.39	0.48	0.57	0.55	0.51	0.54	0.58	0.67	0.63	0.59
金融业	0.25	0.20	0.19	0.22	0.30	0.30	0.34	0.39	0.46	0.44	0.43
房地产业	11.10	9.12	11.91	12.58	12.19	12.29	13.64	16.86	19.61	20.08	19.50
租赁和商务服务业	0.63	0.63	0.80	0.89	0.99	1.19	1.30	1.35	1.47	1.39	1.60
科学研究和技术服务业	0.76	0.88	0.73	0.67	0.71	0.80	0.75	0.83	0.96	0.87	0.96
水利、环境和公共设施管理业	12.93	13.83	13.68	14.31	15.49	16.85	17.61	17.00	17.43	19.02	20.40
居民服务、修理和其他服务业	0.16	0.18	0.15	0.17	0.16	0.23	0.32	0.49	0.57	0.56	0.50
教育	4.62	4.29	3.70	3.26	2.80	2.92	2.84	2.68	2.63	2.62	2.83
卫生和社会工作	1.16	1.26	1.21	1.17	1.25	1.52	1.49	1.59	1.53	1.48	1.44
文化、体育和娱乐业	0.93	1.27	1.24	1.44	1.42	1.45	1.44	1.44	1.66	1.65	1.70
公共管理、社会保障和社会组织	5.22	5.53	4.95	4.40	4.14	3.86	3.79	3.99	3.87	3.72	3.68
国际组织	0.01	0.01	0	0	0	0	0	0	0	0	0

资料来源：2004～2014年《中国统计年鉴》，WIND 数据库。

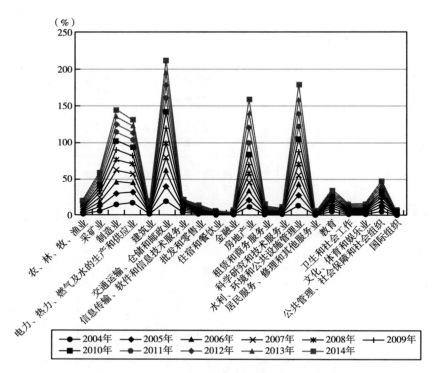

图 3 – 4 公有主体固定资产投资主体结构构成

资料来源：2004 ~ 2014 年《中国统计年鉴》、WIND 数据库。

比出现衰减趋势。交通运输仓储和邮政业、科学研究和技术服务业、批发和零售业、住宿和餐饮业的固定资产投资占比 10 年间波动较小。

（二）私有主体分行业投资结构

私有主体是相对于公有主体而言的，是指运用私有资金进行投资活动的法人或自然人，包括股份制企业与有限责任企业的私有控股企业、私营企业、联营企业以及个体企业。

表 3 – 5 为非国有主体固定资产投资分行业投资规模，从横向对比来看，2014 年，固定资产投资最多的行业是制造业，制造业固定资产投资占比为33.3%，房地产业投资占比为 24.65%，两个行业占了非国有主体固定资产投资的半壁江山。水利、环境和公共设施管理业投资占比为 9.22%，基本维持不变。交通运输、仓储和邮政业投资占比 8.56%，与 2006 年相比上升 3.46 个百分点。电力、热力、燃气及水的生产和供应业投资占比为 4.55%，与 2006 年相

表 3－5 非国有主体固定资产投资分行业比重

单位：%

行业	2004年	2005年	2006年	2007年	2008年	2009年	2010年	2011年	2012年	2013年	2014年
农、林、牧、渔业	3.08	3.11	3.00	3.05	3.50	3.69	3.57	4.36	4.65	4.83	5.21
采矿业	1.86	2.86	2.86	2.97	3.37	3.51	3.53	3.40	3.31	2.92	2.52
制造业	25.94	25.96	31.65	33.23	26.49	29.07	28.84	31.05	31.57	30.96	33.30
电力、热力、燃气及水的生产和供应业	3.56	3.49	4.88	4.52	42.37	4.29	4.14	3.93	3.84	3.95	4.55
建筑业	0.53	0.61	0.92	0.71	0.64	0.62	0.63	0.64	0.47	0.40	0.44
交通运输、仓储和邮政业	3.78	4.14	4.61	5.10	5.95	6.20	6.28	7.21	7.39	7.64	8.56
信息传输、软件和信息技术服务业	0.06	0.10	0.24	0.16	0.28	0.27	0.24	0.21	0.30	0.34	0.48
批发和零售业	5.71	5.96	6.58	6.46	6.57	7.01	6.55	6.62	6.81	7.04	7.49
住宿和餐饮业	2.47	2.83	2.79	2.84	2.92	3.08	3.01	2.90	2.93	2.92	2.71
金融业	0	0	0.03	0.03	0.04	0.06	0.06	0.07	0.11	0.14	0.17
房地产业	41	38.70	39.14	38.04	33.60	29.49	30.45	27.75	26.34	26.13	24.65
租赁和商务服务业	0.40	0.40	0.69	0.59	0.76	0.77	0.73	0.93	1.15	1.27	1.54
科学研究和技术服务业	0.15	0.10	0.21	0.21	0.29	0.34	0.32	0.37	0.49	0.61	0.76
水利、环境和公共设施管理业	6.48	6.66	7.34	7.23	7.34	7.48	8.61	8.65	8.64	8.82	9.22
居民服务、修理和其他服务业	0.26	0.32	0.29	0.28	0.32	0.36	0.35	0.37	0.39	0.39	0.41
教育	0.98	0.87	0.66	0.51	0.48	0.44	0.38	0.29	0.33	0.32	0.38
卫生和社会工作	0.24	0.30	0.23	0.19	0.21	0.24	0.19	0.18	0.16	0.15	0.14
文化、体育和娱乐业	0.29	0.39	0.57	0.49	0.57	0.78	0.78	0.76	0.85	0.90	0.94
公共管理、社会保障和社会组织	0.18	0.20	0.33	0.24	0.32	0.29	0.31	0.30	0.28	0.26	0.25
国际组织	—	—	—	—	—	—	—	—	—	—	—

资料来源：2004～2014年《中国统计年鉴》、WIND数据库。

比下降 0.33 个百分点。投资占比比较少的行业有建筑业、住宿和餐饮业、金融业、租赁和商务服务业、科学研究和技术服务业、居民服务修理和其他服务业、卫生和社会工作等行业，这些行业占比基本在 1% 左右，甚至不到 1%。

由图 3-5 可以看出，2004~2014 年，私有主体固定资产投资出现降低趋势的行业包括采矿业、建筑业、房地产业、教育、卫生和社会工作，其中房地产业及教育业降低幅度超过 50%，可能缘于房地产行业的高利润导致的公有主体的挤出效应。农、林、牧、渔业、制造业、交通运输、仓储和邮政业、信息传输、软件和信息技术服务业、金融业、水利、环境和公共设施管理业等行业固定资产投资占比出现明显的增长趋势。电力、热力、燃气及水的生产和供应业，批发和零售业，住宿和餐饮业这四个行业 10 年间固定资产投资占比基本保持不变。

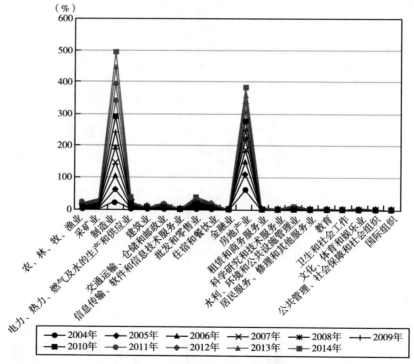

图 3-5 私有主体固定资产投资主体结构构成

资料来源：2004~2014 年《中国统计年鉴》、WIND 数据库。

纵观上述公有主体与私有主体固定资产投资行业占比的比较分析，两类主体行业占比均增加的行业有农林牧渔业、金融业、租赁和商务服务业、水利环境和公共设施管理业、居民服务修理和其他服务业、文化体育和娱乐业，这些行业在我国具有可观的发展前景，公有主体与私有主体的竞相投资推动了这些行业整体的快速增长。两类主体行业占比均降低的行业有采矿业与教育行业，近年来煤炭、石油等矿产资源价格的下滑带来了采矿业景气度的疲软，教育去产业化的政策导向及低利润、长周期、公益性的运营特征可以解释教育行业较低的固定资产投资增长率，但是教育业的重要社会角色决定了这种长期的低增长是不利于整个国民经济的健康可持续发展。两类主体行业占比均无显著变动的行业主要有批发和零售业、住宿和餐饮业，这两类行业是我国市场化改革中最先推入市场的行业，其市场竞争机制最先调整到位，行业竞争较为充分，因此行业结构没有出现大的波动。公有主体固定资产投资行业占比下降或持平而私有主体固定资产投资行业占比上升的行业主要有制造业、交通运输仓储和邮政业、信息传输软件和信息技术服务业、科学研究和技术服务业及公共管理社会保障和社会组织。随着国家对这些行业准入门槛的降低，私有主体的投资热情逐渐高涨，为这些行业未来的发展趋势传递了一种积极的信号。公有主体固定资产投资行业占比上升而私有主体固定资产投资行业占比下降的行业有房地产业与卫生和社会工作，房地产业是政策及资金依赖度较强的高盈利行业，公有主体政策寻租的便利性以及金融贷款的易得性阻碍了房地产行业的市场有效性。卫生医疗体制的改革是各国政府均感棘手的问题，我国近些年大力提倡引入社会力量办医，但两类主体固定资产投资占比趋势仍存在较大差异，见表3-6。公立医院一支独大的势头短期内难以改观。

表3-6　　　公有主体与私有主体分行业固定资产投资占比趋势对比

行业	公有主体	私有主体	行业	公有主体	私有主体
农、林、牧、渔业	↑	↑	房地产业	↑	↓
采矿业	↓	↓	租赁和商务服务业	↑	↑
制造业	↓	↑	科学研究和技术服务业	→	↑
电力、热力、燃气及水的生产和供应业	↓	→	水利、环境和公共设施管理业	↑	↑
建筑业	↑	↓	居民服务、修理和其他服务业	↑	↑
交通运输、仓储和邮政业	→	↑	教育	↓	↓

续表

行业	公有主体	私有主体	行业	公有主体	私有主体
信息传输、软件和信息技术服务业	↓	↑	卫生和社会工作	↑	↓
批发和零售业	→	→	文化、体育和娱乐业	↑	↑
住宿和餐饮业	→	→	公共管理、社会保障和社会组织	↓	→
金融业	↑	↑	国际组织	→	→

三、分地区固定资产投资

表3-7为我国固定资产分地区投资概况。整体来看，2014年，我国固定资产投资比较大的省份是江苏、山东，这两个省份固定资产投资超过4万亿元；其次是河南，固定资产投资为3.1万亿元；投资规模在2万亿~3万亿元的是河北、辽宁、浙江、安徽、湖北、湖南、广东、四川等几个省份；固定资产投资规模在1万亿~2万亿元的省份是天津、山西、内蒙古、吉林、福建、江西、广西、重庆、云南、山西等；其他省份固定资产投资规模普遍很小，甘肃、青海、宁夏3个省份固定资产投资规模不到4 000亿元，见表3-7。

表3-7 固定资产分地区投资 单位：亿元

省份	2006年	2007年	2008年	2009年	2010年	2011年	2012年	2013年	2014年
北京	3 296	3 907	3 815	4 617	5 403	5 579	6 112	6 847	6 924
天津	1 821	2 353	3 390	4 738	6 278	7 068	7 935	9 130	10 518
河北	5 470	6 885	8 867	12 270	15 083	16 389	19 661	23 194	26 672
山西	2 256	2 861	3 531	4 943	6 063	7 073	8 863	11 032	12 355
内蒙古	3 363	4 373	5 475	7 337	8 927	10 365	11 876	14 217	17 592
辽宁	5 690	7 435	10 019	12 293	16 043	17 726	21 836	25 108	24 731
吉林	2 594	3 651	5 039	6 412	7 870	7 442	9 512	9 979	11 340
黑龙江	2 236	2 833	3 656	5 029	6 813	7 475	9 695	11 453	9 829
上海	3 900	4 420	4 823	5 044	5 109	4 962	5 118	5 648	6 016
江苏	10 069	12 268	15 301	18 950	23 184	26 693	30 854	36 373	41 939
浙江	7 590	8 420	9 323	10 742	12 376	14 185	17 649	20 782	24 263
安徽	3 534	5 088	6 747	8 991	11 543	12 456	15 426	18 622	21 876

续表

省份	2006 年	2007 年	2008 年	2009 年	2010 年	2011 年	2012 年	2013 年	2014 年
福建	2 982	4 288	5 208	6 231	8 199	9 911	12 440	15 327	18 178
江西	2 684	3 302	4 745	6 643	8 772	9 088	10 774	12 850	15 079
山东	11 111	12 538	15 436	19 035	23 281	26 750	31 256	36 789	42 496
河南	5 905	8 010	10 491	13 705	16 586	17 769	21 450	26 087	30 782
湖北	3 343	4 330	5 647	7 867	10 263	12 557	15 578	19 307	22 915
湖南	3 176	4 155	5 534	7 703	9 664	11 881	14 523	17 841	21 243
广东	7 973	9 294	10 869	12 933	15 624	17 069	18 751	22 308	26 294
广西	2 199	2 940	3 756	5 237	7 058	7 991	9 809	11 908	13 843
海南	424	502	705	988	1 317	1 657	2 145	2 698	3 112
重庆	2 407	3 128	3 980	5 214	6 689	7 473	8 736	10 435	12 285
四川	4 413	5 640	7 128	11 372	13 117	14 222	17 040	20 326	23 319
贵州	1 197	1 489	1 865	2 412	3 105	4 236	5 718	7 374	9 026
云南	2 209	2 759	3 436	4 526	5 529	6 191	7 831	9 968	11 499
西藏	231	270	310	378	463	516	671	876	1 069
陕西	2 481	3 415	4 614	6 247	7 964	9 431	12 045	14 884	17 192
甘肃	1 023	1 304	1 713	2 363	3 158	3 966	5 145	6 528	7 884
青海	409	483	583	798	1 017	1 436	1 883	2 361	2 861
宁夏	499	600	829	1 076	1 444	1 645	2 097	2 651	3 174
新疆	1 567	1 851	2 260	2 726	3 423	4 632	6 159	7 732	9 448

资料来源：2004～2014 年《中国统计年鉴》、WIND 数据库。

第三节　资产投资主体结构演进与经济增长波动的互动影响

本节主要考察各主体固定资产投资结构变动趋势对国民经济增长的长期互动影响，围绕着这一主题，将固定资产投资分为四个维度，从多层次，多维度考察固定资产投资对经济增长的影响。

一、计量模型设定

本书以经济增长率为被解释变量，各投资主体的固定资产投资额的对数为解释变量，同时模型还引入政府规模、城镇化水平、利用外资水平等因素为控制变量，通过构建增长计量模型，从固定资产投资主体的四个维度上检验其对经济增长的影响，计量模型构建如下：

$$ecog_{it} = \partial_0 + \beta invf - type_{it} + \varphi X_{it}^{kt} + D_j + D_d + D_t + \varepsilon_{it} \qquad (3-1)$$

其中，i 表示地区；t 表示年份；$ecog_{it}$ 为被解释变量，表示经济增长；$invf - type_{it}$ 是核心解释变量固定资产投资变量；X_{it}^{kt} 为控制变量组；ε_{it} 为随机扰动误差项；D_j、D_d、D_t 分别表示行业、地区、时间的固定效应；参数 β 经济含义为不同类型投资主体固定资产投资对经济增长影响的异质性，用虚拟变量来表示；φ 经济含义为控制变量组对经济增长的影响。

考虑到由于地区差异带来的各变量变动趋势不同而引起的误差，在实证检验过程中，为了避免虚假回归的出现，对部分变量做了技术处理。同时，在计量模型（3-1）中，引入被解释变量的滞后变量作为模型解释变量，考察其他重要变量对被解释变量的影响，将模型（3-1）扩展为动态面板数据模型。为了更好地考察各主体固定资产投资异质性对经济增长的影响，综合上述分析，计量模型扩展为：

$$ecog_{it} = \partial_0 ecog_{it-p} + \beta invf - type_{it} + \varphi X_{it}^{kt} + D_j + D_d + D_t + \varepsilon_{it} \quad (3-2)$$

二、变量选择与数据来源

（一）变量选择

因为西藏有的年份存在数据缺失，按照惯例，在样本中将其去掉。另外，所有核心解释变量以及控制变量，为了剔除通货膨胀因素，运用 CPI 数据对各个省级单位的名义 GDP 进行平滑处理，以 2006 年为基准年份计算得到各个省级单位实际 GDP。

被解释变量（$ecog$），用各单位国民生产总值的增长率来衡量经济增长，经济增长率的变化也是形容经济周期变动的最核心因素。

核心解释变量（$invf - type_{it}$），主要包括四个方面：（1）国有企业固定资产投资 $invf_1$，主要通过《中国统计年鉴》以及万德数据库中国有企业固定资产投资指标来衡量；（2）有限责任企业固定资产投资 $invf_2$，主要通过《中国统计年鉴》以及万德数据库中有限责任企业固定资产投资指标来衡量；

（3）股份有限企业固定资产投资 $invf_3$，主要通过《中国统计年鉴》以及万德数据库中股份有限企业固定资产投资指标来衡量；（4）私营企业固定资产投资 $invf_4$，主要通过《中国统计年鉴》以及万德数据库中私营企业固定资产投资指标来衡量。为了消除量纲的影响，使回归方程更具可解释性，我们将上述四个核心解释变量及控制变量对数化处理。

X_{it}^{kt} 为控制变量组。依据中国现实和前述逻辑分析，影响居民收入分配的数据主要有：（1）政府规模（gov_{it}）；（2）城镇化水平（urb_{it}）；（3）经济开放度（eo_{it}）；（4）利用外资水平（fdi_{it}）；（5）财政支出（exp_{it}）。

（二）数据来源

通过选取 1995～2014 年中国 30 个省级单位的面板数据，对国有企业、有限责任企业、股份有限企业、私营企业固定资产投资的异质性与经济增长周期之间的逻辑关系给予计量检验。各省级单位国民生产总值、财政分权、进出口额、固定资产投资、城镇化水平、总人口数、一般政府预算收入、财政支出、CPI 等数据均来自 1996～2015 年《中国统计年鉴》《中国劳动年鉴》《中国财政年鉴》《中国人口年鉴》等，以及各个省级单位 1996～2015 年统计年鉴。另外，部分控制变量的数据来源于国家统计局、商务部、发展改革委官方网站。表 3-8 是主要变量统计分析结果。

表 3-8　　　　　　　　　主要回归变量的统计分析结果

变量	平均值	标准值	最小值	最大值	观测值个数
经济增长	0.1120	0.0312	-0.0301	0.3017	270
国有企业固定资产投资	0.3055	0.0216	0.0789	0.4025	270
有限责任企业固定资产投资	0.2755	0.1421	0.0921	0.4289	270
股份有限企业固定资产投资	0.0543	0.0209	0.0102	0.9328	270
私营企业固定资产投资	0.3317	0.2198	0.113	0.5382	270
利用外资水平	0.4893	0.1087	0.0113	0.9745	270
经济开放度	0.4056	0.3109	0.0899	1.9074	270
财政支出	0.2532	0.1546	0.0721	0.4127	270
政府规模	0.2279	0.0697	0.0956	0.5089	270
城镇化率	0.04453	0.0586	0.0698	0.9086	270

资料来源：2006～2015 年《中国统计年鉴》，以及各省市相应的统计年鉴。

三、模型回归及实证分析

在计量检验国有企业、有限责任企业、股份有限企业、私营企业固定资产投资的异质性对经济增长周期的影响之前，为了更好地反映经济变量之间的逻辑关系，防止虚假回归的出现，必须对变量进行单位根检验。

（一）主要变量的平稳性检验

本书主要选择 IPS 检验、LLC 检验以及 HT 检验三种方法，不同的检验方法可以更全面地检验变量的平稳性，保证实证分析的准确性。检验结果显示各变量平稳，具体检验结果如表 3 - 9 所示。

表 3 - 9　　　　　　　　　各变量平稳性检验

变量名称	LLC 检验	IPS 检验	HT 检验
经济增长	- 13. 67 ***	- 12. 86 ***	- 19. 87 ***
国有企业固定资产投资	- 10. 98 ***	- 17. 54 ***	- 30. 98 ***
有限责任企业固定资产投资	- 14. 92 ***	- 18. 40 ***	- 31. 64 ***
股份有限企业固定资产投资	- 2. 008 **	- 11. 43 ***	- 22. 65 ***
私营企业固定资产投资	- 5. 54 ***	- 19. 97 ***	- 29. 54 ***
利用外资水平	- 10. 68 ***	- 17. 98 ***	- 24. 64 ***
经济开放度	- 1. 842 *	- 9. 98 ***	- 23. 54 ***
财政支出	- 7. 65 ***	- 10. 98 ***	- 26. 87 ***
政府规模	- 18. 75 ***	- 14. 80 ***	- 31. 98 ***
城镇化率	- 14. 97 ***	- 18. 86 ***	- 31. 97 ***

注：*** 、** 和 * 分别表示在 1% 、5% 和 10% 的显著水平上变量显著。

（二）固定资产投资异质性影响经济增长的实证分析

在对变量的平稳性进行检验后，运用省级面板数据，采用系统广义矩估计方法就我国国有企业、有限责任企业、股份有限企业、私营企业固定资产投资的异质性对经济增长周期进行实证检验，回归结果如表 3 - 10 所示。

表 3－10　　　　　　　　固定资产投资异质性对经济增长的影响

解释变量	被解释变量（tfp_{it}）					
	（1）	（2）	（3）	（4）	（5）	（6）
$ecog_{it}(-1)$	0.6665 *** (1.70)	0.767 *** (4.89)	0.834 * (1.74)	0.565 (0.93)	0.358 ** (2.37)	0.486 *** (6.89)
$ecog_{it}(-2)$	0.373 ** (2.40)	0.262 * (1.79)	0.492 *** (7.82)	0.326 *** (5.62)	0.272 *** (5.49)	0.325 *** (6.37)
$invf_1$	0.249 ** (2.52)	0.083 (0.97)	0.249 * (2.33)	0.264 *** (6.73)	0.330 ** (2.46)	0.339 ** (2.23)
$invf_2$	0.149 ** (3.59)	0.200 (0.88)	0.329 * (1.83)	0.255 *** (8.57)	0.239 ** (2.49)	0.372 ** (2.36)
$invf_3$	0.131 (0.72)	0.155 (0.92)	0.157 (0.19)	0.072 (0.93)	0.074 (0.73)	0.101 (0.93)
$invf_4$	0.426 ** (2.37)	0.083 (0.91)	0.483 * (1.80)	0.392 *** (9.87)	0.368 ** (2.42)	0.479 ** (5.92)
exp_{it}		−0.184 * (−1.80)		−0.165 ** (−2.41)		−0.177 *** (−4.99)
urb_{it}	0.433 ** (2.49)	0.538 *** (6.75)	0.331 *** (8.78)	0.490 * (1.84)	0.355 ** (2.50)	
fdi_{it}	0.293 * (1.71)	0.391 ** (2.46)	0.263 ** (2.09)	0.396 * (−1.84)		
$rjgdp_{it}$	0.492 *** (5.88)	0.576 *** (4.72)	0.452 *** (5.72)			
gov_{it}	−0.0371 ** (−2.51)	−0.0461 *** (−4.39)				
eo_{it}	−0.120 ** (−2.52)					
sargan-test	0.8987	0.7845	0.9767	0.9374	0.8974	0.99857
ar（1）	0.0053	0.0043	0.0175	0.0098	0.0110	0.0387
ar（2）	0.9776	0.8797	0.8985	0.86846	0.9085	0.9776
地区、时间	控制	控制	控制	控制	控制	控制
_cons	0.585 *** (6.76)	0.485 *** (9.65)	0.574 *** (6.87)	0.847 ** (2.75)	0.796 *** (5.86)	0.956 *** (3.65)
N	270	270	270	270	270	270

注：***、** 和 * 分别表示在1%、5%、10%的显著水平上变量显著。

表 3 – 10 中方程（1）～方程（6）是依据计量模型（3 – 2）获得的实证检验结果。通过计量结果可以看出，固定资产投资对于经济增长的波动具有很强的异质性。四个主体只有股份有限企业固定资产投资系数不显著，其他三个系数都为正，说明国有企业、有限责任企业、私营企业固定资产投资对经济增长有正向的影响，私营企业正向影响最大，国有企业次之，股份有限企业影响最小。

控制变量方面，政府规模、经济开放度对经济发展具有一定的抑制作用。政府规模越大，全社会资源由政府来支配的越多；经济越开放，越会在一定程度上抑制经济发展。财政支出、利用外资水平、城镇化率三个变量与经济增长变量之间具有正相关关系。

综合来看，四个主体的固定资产投资中，国有企业、有限责任企业、私营企业与经济周期的互动作用较为明显，股份有限公司固定资产投资对经济的周期性波动影响不明显，也就是说，国有企业、有限责任企业、私营企业三个投资主体投资规模越大，那么经济增长速度也就越快。从系数大小来看，私营企业正向影响最大，国有企业次之，股份有限企业影响最小。

第四章　基于 ICOR 的固定资产投资效率实证研究

本章主要是基于资本边际产出率（ICOR）理论从主体、区域、行业三个层面分析固定资产的综合投资效率，特别对不同主体在不同行业投资效率进行了对比分析，并对影响固定资产投资效率的原因进行了定性阐释。对于投资有效性的研究，必须区分经济效率与经济效应的概念，对于投资效率量化的研究，必须明确固定资产投资有效性的具体指标。

第一节　固定资产投资效率有效性

一、经济效率和经济效益的区分

国内外对于效率概念的使用，比较多的是托马斯（1993）关于经济效率概念的界定，主要将其分为配置效率、技术效率与动态效率。对于经济效率的研究基础主要是微观经济学与市场经济实验。大多数学者倾向于经济效益改善与经济效率提高呈现一定的同比关系，但国际上部分学者研究结论显示，在有的行业或国家，他们呈现一种反方向的互动效应。目前，经济效率指标比较完善与成熟，但是经济效益的指标还处于发展和完善的过程中。黄强和刘涛（1997）探讨了在国家经济发展过程中，经济效益的测算是否需要考虑全部投入产出作为唯一考量。他们认为，考察投入时不应该只是考虑生产过程中的人力投入与物质投入，还应该考虑对原有固定资产的消耗与占用，对于产出的考量，不能仅仅考虑产品或者是物质产出，而应该考虑社会需求与社会福利。申华楠和王铸（1991）认为经济效益的测算应该更多地考虑满足公民需求，以及与其他生产过程契合的程度。汪海波（1990）只是将经济效益的衡量局限于投入产出比，单单考虑生产过程中劳动的消耗，以及最终的产出成果。徐之河与蔡北华（1983）比较好的平衡了投入产出与经济社会效益。

通过对已有文献的梳理可以发现，经济效益测度的基础是投入产出比，并且综合考虑满足居民需求以及与其他生产过程契合程度，将经济效益又细分为狭义经济效益与广义经济效益。狭义经济效益考察对象是单个个体，广义经济效益考察对象是整个经济社会的投入产出，国内对于经济效益的解释与分析最早来源于《经济大辞典》①。张先治（1994）在比较已有学者研究成果基础上，将经济效益测度标准化，给出了较为全面合适的定义。他认为，经济效益既包括经济发展过程中价值的生产过程，也包括使用价值的生产过程，这个价值或使用价值生产的基础就是资源投入的消耗与产出的衡量。

关于经济效率概念的界定国外学者的研究更集中一些。埃德温·曼斯菲尔德（Edwin Mansfield，1982）通过研究认为，经济效率应该更集中、更量化地反映投入的经济效率测度与计算。理查德·格利普西（Richard GLipsey，1987）认为，经济效率可以直观地理解为帕累托最优，可以细分为配置效率和生产效率。所谓配置效率是指生产过程中耗费的每一种投入的边际成本应相等，生产效率是指长期来看，企业要以最低的投入来生产，也就是企业应该在长期成本最低点的资本存量上进行生产，只有这样经济效率才会处于帕累托最优。皮尔斯（1988）对于经济效率的界定，更强调对生产过程中投入进行调配与改变从而达到最优产出与最适合的产量。莱夫维奇（Leftwich，1973）运用货币单位对投入的资源与有效产出进行度量，主要通过有效产出与投入资源的差值作比较，来衡量经济效率。

对于经济效率国内学者也做了大量研究。申华楠、王文铸（1991）认为，经济效率测度的基础，应该是各个投入要素之间有一个能够相互比较的量纲，强调宏观、对总体所能达到的经济目标的测度，而不是单一仅仅强调资金、人力、土地投入的物质产出。张先治（1994）指出，经济效率应该包括以下三个方面：第一，经济效率通俗来讲也是配置效率，主要是指在一定投入条件下，通过排列组合使资源的产出达到帕累托最优状态。第二，经济效率并不仅仅是对投入产出效率的简单测度，而是要通过货币衡量的产值来反映投入的产出效率。第三，经济效率的配置效率基本可以等同于帕累托效

---

① 于光远. 经济大辞典 [M]. 北京：海洋出版社，1992.

率。用一句话概括经济效率就是用最合适的投入组合得出最优的产出。这个最优产出在福利经济学的定义就是将不同的投入、生产要素组合，从而产生最大的社会福利，也就是说最优的产出用货币来衡量价值最大。经济效率实现过程包括三个部分：生产、配置及动态经济效率的实现。

对比已有学者关于经济效益与经济效率的研究可以发现，这两者之间的概念界定存在着明显的区别。表 4 - 1 为经济效率与经济效益的区别。

表 4 - 1　　　　　　　　经济效率与经济效益的区别

项目	经济效益	经济效率
定义	主要是投入与产出比较	侧重于帕累托最优
包括	产品价值和使用价值的生产	生产效率、配置效率和动态效率
评价标准	生产的结果，即社会接受的有用劳动成果的多少	生产过程中的效能
值的大小	$[0, +\infty)$	$[0, 1]$
是否有量纲	有	无

二、效率作为研究固定资产投资的有效性

依据过往学者对经济效益与经济效率的研究可以发现，固定资产投资效益只是简单的对固定资产投资及其产出的一个比例关系的测度，并没有体现潜在技术效率对固定资产投资效益的影响，更不能准确测算固定资产投资的配置与生产效率，经济效益更不能体现不同投资主体的固定资产投资是否达到了一个最优数量，不同行业之间是否处于一个最优结构。而且在对固定资产投资经济效益进行测度时，容易受到其他因素如产业结构的影响，带来测算误差，可能会得出相反的结果，经济效益上升并不代表经济效率上升。所以对不同投资主体不同时间段、不同区域、不同行业投资效益的测算并不能代表效率。

本书关于固定资产投资效率的测算主要是，在既定生产要素投入条件下，产出达到最大的程度，或者是在既定产出条件下，投入最小的程度。其数值没有量纲，主要优点是可以更好地衡量配置效率、规模效率、纯技术效率，并且不会受到变量单位变化造成的不平衡。基于前述分析，本书选择固定资产投资产出最大化衡量不同主体固定资产投资效率。

第二节　不同投资主体的投资效率差异

本节在前述固定资产投资有效性分析基础上，对国有企业、有限责任企业、股份有限企业、私营企业投资效率进行分析。对不同主体固定资产投资效率的分析主要是运用 ICOR 理论来对固定资产投资效率进行说明。

一、ICOR 分析简介

（一）ICOR 的含义

对于固定资产投资效率进行测算之前，必须明确 ICOR 的定义，ICOR 的基本公式：

$$ICOR = I/\Delta GDP \qquad (4-1)$$

式（4-1）中，ICOR 表示资本边际产出率，I 为不同投资主体年投资额，ΔGDP 表示不同投资主体的国民生产总值净增加值。

ICOR 的具体含义可以表述为，国民生产总值每增加一个单位所需要的固定资产投资增加额，也可以表述为每一单位的固定资产投资可以带动多少经济增长。也就是说，同样数额的固定资产投资，所带来经济增长越多，那么这个主体的固定资产投资就越有效率。容易理解，相同的一笔投资，如果越能带动经济的增长，就意味着越是有效率的。因此，ICOR 数值越大，也就意味着固定资产投资效率越低。

为了更方便计算资本边际产出率，本书在计算时用 Ig 来代替投资，可以得到：

$$ICOR = Ig/\Delta GDP \qquad (4-2)$$

式（4-2）中，Ig 表示固定资产投资额。其经济含义就是一单位固定资产投资所带来的经济增加值，或者是每增加一单位产出所需要的固定资产投资额。

（二）ICOR 的优缺点

运用资本边际产出率来测算固定资产投资效率的优点主要有：一是资本边际产出率算法比较简单，易于操作，经济含义易于理解；二是资本边际产出率在各个年份的值都可以测算出来，计算过程不需要考虑样本大小，也不需要检测样本是不是满足诸多苛刻条件，基本上能够粗略地反映出各个年份固定资产投资对经济增长的拉动作用及其变化规律。

资本边际产出率主要缺点有：其一，资本边际产出率不能像计量检验方法一样，可以对各个变量之间的经济逻辑进行测算。其二，资本边际产出率分子为不同主体固定资产投资，分母为各个年度国民生产总值的增量，现实经济中经济增长是由多种因素造成，并不仅仅是因为固定资产投资。其三，资本边际产出率方法没有考虑到固定资产投资对经济增长影响的滞后性。

二、ICOR 结果分析

（一）国有企业

依据表 4 - 2 数据可以看出，国有企业固定资产投资形成额平均值为763. 28 亿元，投资率平均值为 39. 57%，资本边际产出率数据为 5. 31%。固定资产投资形成额数据一直处于增长的态势，9 年增长了 4 倍，投资率数据相对来说较为平稳。ICOR 数据则波动比较大，其中 2008 年、2009 年 ICOR数据最高，达到峰值，说明这两年国有企业固定资产投资效率不高，这主要由于受金融危机影响，我国启动 4 万亿政府财政投资计划，导致国有企业固定资产投资存在浪费现象；ICOR 数值最低的是 2014 年，其次是 2006 年，说

表 4 - 2 **国有企业固定投资的 ICOR 数据**

年份	固定资产投资形成总额（亿元）	投资率（%）	ICOR
2006	329. 6339	40. 5	4. 39
2007	387. 0635	38. 7	5. 06
2008	487. 049	41. 7	6. 89
2009	696. 925	37. 7	6. 91
2010	833. 1655	40. 4	5. 42
2011	824. 9478	35. 9	5. 07
2012	962. 2025	37. 8	4. 74
2013	1098. 499	41. 3	5. 26
2014	1250. 052	42. 1	4. 07

资料来源：2006 ~ 2014 年《中国统计年鉴》、WIND 数据库。

明这两个年份国有企业固定资产投资效率比较高。总体来看，随着时间的推移，国有企业固定资产投资效率是一个上升的过程。

（二）有限责任企业

依据表4-3数据可以看出，有限责任企业固定资产投资形成额平均值为747.3亿元，投资率平均值为38.76%，资本边际产出率数据为4.96%。与国有企业相比，有限责任企业投资率略高，资本边际产出率数值高于国有企业，说明有限责任企业固定资产投资效率要高于国有企业，固定资产投资形成额略低于国有企业，9年翻了6倍，说明有限责任企业固定资产投资增长速度快于国有企业。有限责任企业ICOR数据相对来说变化没有规律，但是相对于国有企业较为平稳，其中2008年、2009年、2010年、2012年ICOR数值比较高，说明这4年有限责任企业固定资产投资效率比较低；2007年、2011年、2014年ICOR数值比较低，说明有限责任企业这几年固定资产投资效率比较高。

表4-3　　　　　**有限责任公司固定资产投资ICOR数据**

年份	固定资产投资形成总额（亿元）	投资率（%）	ICOR
2006	262.6547	39.3	3.97
2007	335.0933	37.6	4.68
2008	420.443	40.7	6.55
2009	535.926	36.8	5.61
2010	703.2149	39.6	5.16
2011	862.5494	35.2	4.65
2012	1025.118	37.2	5.36
2013	1216.065	40.8	4.92
2014	1364.622	41.7	3.77

资料来源：2006~2014年《中国统计年鉴》、WIND数据库。

（三）股份有限企业

依据表4-4数据可以看出，股份有限企业固定资产投资形成额平均值为163.7亿元，投资率平均值为38.5%，资本边际产出率数据为4.61%。与有限责任企业相比，股份有限企业固定资产投资形成额比较低，2006～2014年，仅增长了 2 倍多投资率，也略低于有限责任企业。但资本产出率数据低于有限责任企业，这说明股份有限企业固定资产投资效率高于有限责任企业。股份有限企业 ICOR 数值有一个先升高后降低的过程，也就是说股份有限企业固定资产投资效率先降低后升高。其中，2009 年固定资产投资效率最低，2012 年固定资产投资效率最高。股份有限企业固定资产投资比较高的年份主要有 2006 年、2007 年、2014 年。

表 4 – 4　　　　　　　　**股份有限公司固定资产投资 ICOR 数据**

年份	固定资产投资形成总额（亿元）	投资率（%）	ICOR
2006	81.74235	39.2	3.86
2007	96.55339	37.4	4.56
2008	120.523	40.4	6.42
2009	140.925	36.4	6.47
2010	172.0302	39.5	4.05
2011	190.2344	35.0	4.53
2012	214.8486	36.9	3.23
2013	232.5729	40.4	4.78
2014	223.7149	41.4	3.64

资料来源：2006～2014 年《中国统计年鉴》、WIND 数据库。

（四）私营企业

依据表 4 – 5 数据可以看出，私营企业固定资产投资形成额平均值为692.1 亿元，投资率平均值为 39.08%，资本边际产出率数据为 4.93%。通过对比可以发现，四类投资主体中，私营企业固定资产投资形成额是最高的，投资率也高于股份有限企业与有限责任企业，但 ICOR 数值只比国有企业略高，要低于有限责任企业与股份有限企业。私营企业 ICOR 数值基本算是比较平稳，其中 2009 年、2012 年 ICOR 数值最高，说明私营企业固定资产投资效率在这两年最低，这主要是由于金融危机以后，私营企业在政府进行大量投资以后，也加大了固定资产投资数额，所以带来了固定资产投资效率低下问题。其他年份 ICOR 数值基本维持在 4 左右，起伏不是很大，2014 年 ICOR数值最低，说明私营企业固定资产投资效率在 2014 年最高。

表 4 – 5 私营企业固定资产投资 ICOR 数据

年份	固定资产投资形成总额（亿元）	投资率（%）	ICOR
2006	192. 6718	40. 2	4. 18
2007	270. 5559	38. 3	4. 82
2008	355. 756	41. 2	4. 62
2009	469. 032	37. 1	6. 61
2010	605. 7226	39. 7	5. 09
2011	713. 3798	35. 6	4. 86
2012	914. 2235	37. 4	5. 5
2013	1212. 171	40. 8	4. 99
2014	1495. 393	41. 5	3. 77

资料来源：2006 ~ 2014 年《中国统计年鉴》、WIND 数据库。

综合上述分析可以发现，国有企业、有限责任公司、股份有限公司及私营企业 2006 ~ 2014 年平均的 ICOR 分别为 5. 31%、4. 96%、4. 61% 及 4. 93%，股份有限公司的综合投资效率最高而国有企业的综合投资效率最低。黄少安等（2005）在研究中国土地产权性质对农业生产效率的影响中发现，不同的所有制安排，要素的利用效率不同，并且认为"所有权私有、合作或适度统一经营"是相对较好的制度安排，这一结论也可以解释本书的测算结果。股份有限公司与有限责任公司，作为公司治理结构比较相似的两个类别，股份有限公司固定资产投资形成额比较高，资本边际产出率数值较低，固定资产投资效率明显高于有限责任公司，原因可能有以下几点：其一，股份有限公司一般股权流通性好，信息公开化程度高，管理层受到的监督强，公司治理水平比较高；其二，股份有限公司融资渠道更多，资金成本管理更有效率；其三，股份有限公司一般规模较大，资本整合及规模经济的作用更明显，且股份有限公司对管理层的激励方式更灵活，有利于提高资产管理人员的积极性和工作效率。有限责任公司与国有企业相比，有限责任企业投资率略高，资本边际产出率数值低于国有企业，说明有限责任企业固定资产投资效率要高于国有企业，虽然固定资产投资形成额略低于国有企业，但九年间有限责任企业固定资产投资形成额翻了 6 倍，有限责任企业固定资产投资增长速度快于国有企业。通过对比可以发现，四类投资主体中，国有企业固定资产投资形成额是最高的，投资率也高于私营企业与有限责任企业，但投资效率要低于股份有限企业、私营企业与有限责任企业。其中产权关系不明晰造成的管理层监督缺位应该是形成这种结果的主要原因。

第三节　不同投资主体分行业投资效率研究

前面对国有企业、有限责任企业、股份有限企业、私营企业投资效率，分别运用 ICOR 理论进行分析。在此基础上，本节继续对不同主体的分行业固定资产投资效率进行研究，将国有企业、有限责任企业、股份有限企业、私营企业四类主体继续细化为公有主体与私有主体，并对公有主体与私有主体的投资效率进行对比分析。

一、公有主体分行业投资效率

公有投资主体包括国有企业、集体企业以及有限责任企业与股份有限企业中的国有控股企业。

表 4－6 是公有主体全国固定资产分行业投资效率实证分析结果，主要对全国 20 个行业公有主体固定资产投资的资本边际产出率（ICOR）进行分析。依据国家统计局的分类标准，主要分为农、林、牧、渔业，采矿业，制造业，电力、热力、燃气及水的生产和供应业，建筑业，交通运输、仓储和邮政业，信息传输、软件和信息技术服务业，批发和零售业，住宿和餐饮业，金融业，房地产业，租赁和商务服务业，科学研究和技术服务业，水利、环境和公共设施管理业，居民服务、修理和其他服务业，教育，卫生和社会工作，文化、体育和娱乐业，公共管理、社会保障和社会组织，国际组织等 20 个行业。

可以看出，大多数行业 2006～2009 年国有主体资本边际产出率在提高，2009～2014 年边际产出率在降低。交通运输、仓储和邮政业，信息传输、软件和信息技术服务业，批发和零售业，住宿和餐饮业，水利、环境和公共设施管理业，居民服务、修理和其他服务业，教育，卫生和社会工作，文化、体育和娱乐业，公共管理、社会保障和社会组织等 11 个行业固定资产边际产出率低于全国平均水平。农、林、牧、渔业，采矿业，制造业，电力、热力、燃气及水的生产和供应业，建筑业，金融业，房地产业，租赁和商务服务业，科学研究和技术服务业等 9 个行业资本边际产出率高于全国平均水平。

表 4 - 6　公有主体分行业固定资产投资 ICOR 数据

分行业主体	2006 年	2007 年	2008 年	2009 年	2010 年	2011 年	2012 年	2013 年	2014 年
农、林、牧、渔业	4.23	4.79	5.62	6.95	6.70	6.01	5.69	5.61	5.05
采矿业	4.24	4.81	5.64	6.98	6.74	6.03	5.70	5.63	5.06
制造业	4.25	4.83	5.66	7.01	6.78	6.05	5.71	5.65	5.07
电力、热力、燃气及水的生产和供应业	4.26	4.85	5.68	7.04	6.82	6.07	5.72	5.67	5.08
建筑业	4.27	4.87	5.70	7.07	6.86	6.09	5.73	5.69	5.09
交通运输、仓储和邮政业	4.15	4.64	5.54	6.53	6.22	5.89	5.88	5.83	5.10
信息传输、软件和信息技术服务业	4.15	4.65	5.56	6.55	6.25	5.91	5.91	5.87	5.11
批发和零售业	4.15	4.66	5.58	6.57	6.28	5.93	5.94	5.91	5.12
住宿和餐饮业	4.15	4.67	5.60	6.59	6.31	5.95	5.97	5.95	5.22
金融业	4.15	4.68	5.62	6.61	6.34	5.97	6.00	5.99	5.24
房地产业	4.15	4.69	5.64	6.63	6.37	5.99	6.03	6.03	5.26
租赁和商务服务业	4.15	4.70	5.66	6.65	6.40	6.01	6.06	6.07	5.28
科学研究和技术服务业	4.38	4.64	5.54	6.53	6.22	5.76	6.09	6.11	5.30
水利、环境和公共设施管理业	4.40	4.65	5.56	6.55	6.25	5.80	5.68	5.46	4.88
居民服务、修理和其他服务业	4.42	4.66	5.58	6.57	6.28	5.84	5.69	5.48	4.90
教育	4.44	4.67	5.60	6.59	6.31	5.88	5.70	5.50	4.92
卫生和社会工作	4.46	4.68	5.62	6.61	6.34	5.92	5.71	5.52	4.94
文化、体育和娱乐业	4.48	4.69	5.64	6.63	6.37	5.96	5.72	5.54	4.96
公共管理、社会保障和社会组织	4.50	4.70	5.66	6.65	6.40	6.00	5.73	5.56	4.98
国际组织	4.52	4.71	5.68	6.67	6.43	6.04	5.74	5.58	5.47

资料来源：2006～2014 年《中国统计年鉴》、WIND 数据库。

二、私有主体分行业投资效率

私有主体包括股份制经济与有限责任经济中的私人控股经济体、私营企业经济、联营经济、个体经济，境外投资主体（包括港澳台商投资经济、外商投资经济）由于占比较小，本书不再单独分析。

表 4 - 7 是私有主体分行业固定资产投资效率实证分析结果。可以看出，大多数行业 2006~2009 年资本边际产出率在提高，2009~2014 年边际产出率在降低。通过测算可知，2006~2014 年 20 个行业的平均资本边际产出率为 5.45%，低于国有企业资本边际产出率。其中，金融业，房地产业，租赁和商务服务，水利、环境和公共设施管理业，居民服务、修理和其他服务业，教育，卫生和社会工作，文化、体育和娱乐业，公共管理、社会保障和社会组织等 9 个行业资本边际产出率在平均值以上。农、林、牧、渔业，采矿业，制造业，电力、热力、燃气及水的生产和供应业，建筑业，交通运输、仓储和邮政业，信息传输、软件和信息技术服务业，批发和零售业，住宿和餐饮业，科学研究和技术服务业等 11 个行业平均资本边际产出率在平均值之下。这说明在后续的固定资产投资过程中，应该加大对资本边际产出率在平均值以上行业的固定资产投资，减少资本边际产出率在平均值之下的固定资产投资规模。

横向对比来看，私有主体固定资产投资效率的分析结果中，农、林、牧、渔业，采矿业，制造业三个行业的平均资本边际产出率最低，这也从侧面说明最近几年这三个行业发展速度比较慢。金融业，房地产业，租赁和商务服务业等三个行业平均资本边际产出率最高，这也从侧面印证了 2006 年以来，房地产业的高速发展与房价的高企。金融业是我国近几年私有主体发展的一个亮点，随着国家对金融管制与金融监管的放开，大量的私人资本进入金融业，带来了金融业的快速发展。在实体经济不景气的背景下，租赁和商务服务业是近几年经济发展的另一个亮点，这也从侧面印证了租赁和商务服务业资本回报率比较高，才会吸引大量的社会资本进入该领域。

三、公有主体、私有主体分行业投资效率的对比分析

在前面计算了不同主体的分行业固定资产投资效率的基础上，接下来对同一行业公有主体与私有主体的投资效率进行对比分析（见表 4 - 8）。

表4-7　私有主体分行业固定资产投资 ICOR 数据

分行业主体	2006 年	2007 年	2008 年	2009 年	2010 年	2011 年	2012 年	2013 年	2014 年
农、林、牧、渔业	4.18	4.82	6.18	6.68	6.19	5.86	5.19	4.74	4.05
采矿业	4.20	4.85	6.22	6.70	6.20	5.88	5.21	4.75	4.06
制造业	4.22	4.88	6.26	6.72	6.21	5.90	5.23	4.76	4.07
电力、热力、燃气及水的生产和供应业	4.24	4.91	6.30	6.74	6.22	5.92	5.25	4.77	4.08
建筑业	4.26	4.94	6.34	6.76	6.23	5.94	5.27	4.78	4.08
交通运输、仓储和邮政业	4.28	4.97	6.38	6.78	6.24	5.96	5.29	4.79	4.09
信息传输、软件和信息技术服务业	4.30	5.00	6.42	6.80	6.25	5.98	5.31	4.80	4.10
批发和零售业	4.32	4.77	6.07	6.64	6.19	5.81	5.25	4.81	4.11
住宿和餐饮业	4.34	4.94	6.25	6.83	6.39	6.02	5.47	4.94	4.29
金融业	4.40	5.06	6.38	6.97	6.54	6.18	5.64	4.80	4.15
房地产业	4.41	4.93	6.23	6.80	6.35	5.97	5.41	5.02	4.38
租赁和商务服务业	4.42	4.87	6.16	6.72	6.26	5.87	5.30	5.19	4.56
科学研究和技术服务业	4.43	4.99	6.13	6.89	6.58	5.97	5.43	4.96	4.31
水利、环境和公共设施管理业	4.44	5.01	6.15	6.92	6.62	5.99	5.45	4.87	4.18
居民服务、修理和其他服务业	4.45	5.03	6.17	6.95	6.66	6.01	5.47	4.88	4.19
教育	4.46	5.05	6.19	6.98	6.70	6.03	5.49	4.89	4.20
卫生和社会工作	4.47	5.07	6.21	7.01	6.74	6.05	5.51	4.90	4.21
文化、体育和娱乐业	4.48	5.09	5.93	6.50	6.05	5.67	5.53	4.91	4.22
公共管理、社会保障和社会组织	4.49	5.11	6.04	6.62	6.18	5.81	5.55	4.94	4.29
国际组织	4.50	4.87	6.10	6.69	6.26	5.90	5.72	4.80	4.15

资料来源：2006～2014 年《中国统计年鉴》，WIND 数据库。

表 4 - 8　公有和私有主体分行业固定资产投资 2006 ~ 2014 年 ICOR 平均值

行业名称	公有主体	私有主体	行业名称	公有主体	私有主体
农、林、牧、渔业	5.628	5.321	房地产业	5.643	5.500
采矿业	5.648	5.341	租赁和商务服务业	5.664	5.483
制造业	5.668	5.361	科学研究和技术服务业	5.619	5.521
电力、热力、燃气及水的生产和供应业	5.688	5.381	水利、环境和公共设施管理业	5.470	5.514
建筑业	5.708	5.400	居民服务、修理和其他服务业	5.491	5.534
交通运输、仓储和邮政业	5.531	5.420	教育	5.512	5.554
信息传输、软件和信息技术服务业	5.551	5.440	卫生和社会工作	5.533	5.574
批发和零售业	5.571	5.330	文化、体育和娱乐业	5.554	5.376
住宿和餐饮业	5.601	5.497	公共管理、社会保障和社会组织	5.576	5.448
金融业	5.622	5.569	国际组织	5.649	5.443

通过表 4 - 8 的对比分析综合来看，国有主体与私营主体的固定资产分行业投资的侧重点不一样，但无论是国有主体的企业，还是私有主体的企业，在金融业、房地产业、租赁和商务服务业三个行业固定资产边际产出率都比较高。国有企业在农、林、牧、渔业，采矿业，制造业，电力、热力、燃气及水的生产和供应业等几个行业的资本边际产出率更高，原因在于国家垄断经营。私有资本在环境和公共设施管理业、居民服务、修理和其他服务业等几个行业固定资产边际产出率更优，说明国家在后续的固定资产投资战略中，应该注重调整国有主体与私有主体固定资产投资的方向，使国有主体的固定资产投资更多的流向农、林、牧、渔业，采矿业，制造业，电力、热力、燃气及水的生产和供应业资本边际产出率高的行业，私有主体更多的流向环境和公共设施管理业，居民服务、修理和其他服务业等行业。

第四节　固定资产投资效率差异的决定

本节主要从固定资产投资规模与投资体制两个方面来分析固定资产的投

资效率。

一、投资规模对投资效率的影响

2006～2014 年，我国不同投资主体固定资产投资规模与国民生产总值的状况如表 4 - 9 所示。

表 4 - 9　　　　　　　　不同投资主体固定资产投资　　　　　　单位：亿元

年份	国有企业	有限责任公司	股份有限公司	私营企业	国民生产总值
2006	32 963. 39	26 265. 47	8 174. 24	19 267. 18	219 438. 50
2007	38 706. 35	33 509. 33	9 655. 34	27 055. 59	270 232. 30
2008	48 704. 90	42 044. 30	12 052. 30	35 575. 60	319 515. 50
2009	69 692. 50	53 592. 60	14 092. 50	46 903. 20	349 081. 40
2010	83 316. 55	70 321. 49	17 203. 02	60 572. 26	413 030. 30
2011	82 494. 78	86 254. 94	19 023. 44	71 337. 98	489 300. 60
2012	96 220. 25	102 511. 84	21 484. 86	91 422. 35	540 367. 40
2013	109 849. 92	121 606. 51	23 257. 29	121 217. 12	595 244. 40
2014	125 005. 16	136 462. 25	22 371. 49	149 539. 31	643 974. 00

资料来源：2006～2014 年《中国统计年鉴》。

由表 4 - 9 和图 4 - 1 可以看出，四个主体固定资产投资速度比较中，私营企业固定资产投资增长速度最快，有限责任公司次之，再次为国有企

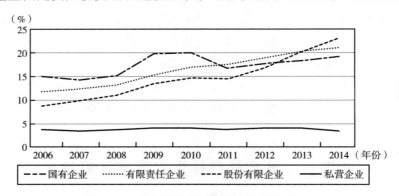

图 4 - 1　各主体固定资产投资占 GDP 比重

资料来源：2006～2014 年《中国统计年鉴》。

业，股份有限公司增长最慢。但从总体上看，各主体固定资产投资都是增长的趋势。

图 4 - 1 为各投资主体固定资产投资占 GDP 的比重。2006 年，国有企业固定资产投资占 GDP 的比重为 15%，有限责任企业固定资产投资占 GDP 的比重为 11.9%，股份有限企业固定资产投资占 GDP 的比重为 3.7%，私营企业固定资产投资占 GDP 的比重为 8.8%。2014 年，国有企业固定资产投资占 GDP 的比重为 19.4%，有限责任企业固定资产投资占 GDP 的比重为 21.2%，股份有限企业固定资产投资占 GDP 的比重为 3.4%，私营企业固定资产投资占 GDP 的比重为 23.2%。可以看出，2006 ~ 2014 年，国有企业固定资产投资占 GDP 的比重提高了 4.4 个百分点，有限责任企业提高 9.5 个百分点，股份有限企业降低了 0.3 个百分点，私营企业提高 14.6 个百分点。通过对比可以发现，私营企业固定资产投资增长速度最快，有限责任企业次之，股份有限企业增长速度最慢。

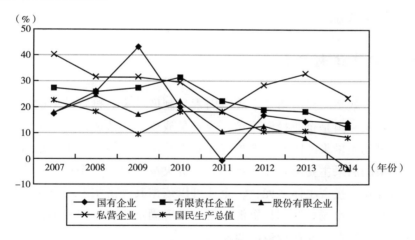

图 4 - 2　各主体固定资产投资增长速度

资料来源：2007 ~ 2014 年《中国统计年鉴》。

图 4 - 2 为四个主体固定资产投资与 GDP 增长速度对比。可以看出，国有企业固定资产投资增长速度波动最厉害，其中 2008 年、2009 年国有企业固定资产投资增长速度最快，2009 年超过 40%，但 2011 年出现负增长，2012 年以后增长速度比较平缓。有限责任企业与股份有限企业两者固定资产投资增长速度相对来说较为平缓，总体上呈下降的趋势，股份有限公司 2012 年以后下降趋势加快。私营企业固定资产投资增长速度呈先下降

后上升的趋势，并且投资速度一直维持在一个比较高的水平上。和 GDP 增长速度相比，股份有限企业、有限责任企业、私营企业增长周期和 GDP 增长周期比较契合，这说明这三者对市场的波动比较敏感，基本上能够按照经济规律来进行投资；国有企业由于其所有制形式的特殊性，特殊时期肩负拉动经济增长的使命，经济增长周期相对来说滞后于国有企业固定资产投资。

固定资产投资具有双重属性。第一，固定资产投资本身可以形成对产品的需求；第二，投资完成以后亦可以增加生产能力。因此，固定资产投资对 GDP 也有双重效应——供给和需求。整个社会的总需求由消费需求、出口需求、投资需求构成，且三方面需求是一个此消彼长的关系。出口需求影响因素比较多，受国际大环境的影响比较大；消费需求受到居民预期及可支配收入的影响，房产的上升对居民的消费需求挤出效应也比较大；投资需求反而是拉动经济增长最有效的动力，当经济周期处于低谷时，固定资产投资成为推动经济走出低谷的重要动力。

二、经济体制因素

固定资产效率差异的第二个决定因素是制度约束。投资效率的损失主要分为两类：第一类是企业投资决策，或者是战略失误造成的损失；第二类是根源于制度约束带来的固定资产投资无效率。市场经济体制下，投资风险以及投资决策的后果主要由企业来承担，投资决策主要是由企业自己决定，融资方式多样化，投资主体多元化，企业可以依据其经济情况，自主决定投资方向，并且通过市场机制调控资源配置，实现固定资产投资在不同区域、不同地区、不同行业之间进行最优调度。

制度约束因素主要表现为：

（1）固定资产投资无效率。代表国有企业的政府可能会将更多的政府控制资金投入到意识形态或国防安全相关领域，那么国有企业就会很难将硬性的成本约束降低。而这些约束恰恰是因为制度约束造成的，这也正好契合了本书前述实证分析国有企业固定资产投资效率低于股份有限企业和有限责任企业的原因。

（2）经济体制类型。对于固定资产投资效率制度约束方面的因素，最重要的就是经济体制类型。任何国家或地区的投资活动，都是在这个区域内特定的经济体制模式下进行的，因而不同投资主体的固定资产投资效率必然受到不同类型经济体制的影响。市场经济的环境下，有限责任企业或股份有限企业的固定资产投资效率可能更高；政府对国有经济实行垄断的经济体制，因为资源占有、政府补贴等因素，国有企业的固定资产投资效率也可能会更高。

第五章 基于三阶段 DEA 的固定资产配置效率实证研究

本章运用三阶段 DEA 模型对各投资主体固定资产投资效率进行测算，分为三个部分：第一，对各投资主体投资效率分年份进行测算；第二，对各投资主体投资效率分地区进行测算；第三，对各投资主体投资效率分行业进行测算。2004 年以后，我国固定资产投资主要按照国有经济、股份制经济、有限责任经济、私营企业经济、联营经济、港澳台商投资经济、个体经济、外商投资经济以及其他经济几个类别进行了分类。其中，国有企业、有限责任企业、股份有限公司、私营企业这四个投资主体所占投资份额较大。

第一节 研究方法与数据来源

一、研究方法介绍

本书在设计模型时将每一个省级单位置于相同的条件下，构造基于 DEA 模型的每一个年度我国不同主体固定资产投资效率的前沿面。DEA 模型主要是通过判定决策单元的投入技术上是不是有效率的，通过定量数值来判定投入变量的效率性。传统的 DEA 模型主要分为两类，这两类模型的研究视角不同。第一类，基于产出导向型的视角；第二类，基于投入导向视角。前者通过研究投入的效率值来衡量，后者主要通过产出来衡量。但传统的数据包络分析方法，投入变量受到随机误差项以及环境变量的影响，在实证检验过程中，会出现一定的偏误，而三阶段 DEA 方法，克服了上述不利影响。本书从产出角度构建三阶段 DEA 模型来计量检验固定资产投资对经济增长的影响。

三阶段 DEA 模型是在传统 DEA 模型的基础上进行了完善，改进的目的主要是克服外部环境变量以及随机误差项的影响。投资作为拉动我国经济发展最重要的动力之一，在不同时间段、不同地区的影响是不一样的，由于地理气候、经济发展水平、人文社会环境差异巨大，导致不同地区、不同行业、不同主体固定资产投资效率不尽相同。本书采用三阶段 DEA 模型，将不同时期、不同区域、不同行业固定资产投资置于相同的外部影响之下，并对主体固定资产投资效率进行实证分析。

（一）传统的 DEA 模型

传统 DEA 模型依据研究视角的不同分为两个大类：第一类是 BCC 模型，基于投入导向视角考察投入的效率值；第二类是 CCR 模型，基于产出导向视角考察产出的效率值。这两类研究重心虽然不同，但都是主要基于固定规模报酬，传统的 DEA 模型应用领域较为广泛，包括政府行为绩效评价及投资效率，都可运用该模型。

CCR 模型假设有 T 个决策单元（DMU），本书中假定不同的投资主体作为一个决策单元，传统 DEA 模型中每一个决策单元都会对应着具体的效率评价指数，运用公式为：

$$h_j = \frac{u^T y_j}{v^T x_j} = \frac{\sum_{r=1}^{n} u_r y_{rj}}{\sum_{r=1}^{m} v_i x_{ij}}, j = 1, 2, \cdots, t \qquad (5-1)$$

其中，$x_j = (x_{1j}, \cdots, x_{mj})^T$，$y_j = (y_{1j}, \cdots, y_{nj})^T$，$j = 1, 2, \cdots, t$ 在一定条件下，使其满足 $h_j \leq 1$，$j = 1, 2, \cdots, t$；权系 i 是（1，2，$\cdots$，m），r 是（1，2，$\cdots$，s），j 是（1，2，$\cdots$，n）。

CCR 模型的主要思想：通过 h_{j0} 来衡量投入指标的产出效果，h_{j0} 数值越大，说明投入产出效果越好。首先，确定技术条件不变下的生产前沿面；其次，考察各决策单元（DMU）是否有效。

式（5-2）构建了传统 DEA 模型下的最优模型，其中，$1 \leq j_0 \leq t$，u 和 v 为具体的权系数，并且以所有决策单元的效率指数为约束，方程组的目标为第 j_0 个决策单元的效率指数。具体表述为：

$$(P)\begin{cases} \max \dfrac{u^T y_0}{v^T x_0} \\[3mm] \text{s. t. } \dfrac{u^T y_j}{v^T x_j} \leqslant 1, j = 1,2,\cdots,t, \\[3mm] u \geqslant 0, v \geqslant 0, u \neq 0, v \neq 0 \end{cases} \qquad (5-2)$$

其中，$x_0 = x_{j0}$，$y_0 = y_{j0}$，$1 \leqslant j_0 \leqslant t$，$x_j = (x_{1j}, \cdots, x_{mj})^T$，$y_j = (y_{1j}, \cdots, y_{nj})^T$，$j = 1, 2, \cdots, t$。

对式（5-2）进行一定的变换，令

$$s = \frac{1}{v^T x_0} > 0, \quad \omega = sv, \quad \mu = su$$

就可以将线性问题等价为：

$$(P_{CCR})\begin{cases} \max h_{j0} = \mu^T y_0 \\[2mm] \text{s. t. } \omega^T x_j - \mu^T y_j \geqslant 0, j = 1,2,\cdots,t, \\[2mm] \omega^T x_0 = 1, \\[2mm] \omega \geqslant 0, \mu \geqslant 0 \end{cases} \qquad (5-3)$$

引入松弛变量，那么，式（5-3）等价的线性问题（CCR）为：

$$(D_{CCR})\begin{cases} \min \theta \\[2mm] \text{s. t. } \displaystyle\sum_{j=1}^{t} \lambda_j x_j \leqslant \theta x_0, \\[3mm] \displaystyle\sum_{j=1}^{t} \lambda_j y_j \geqslant y_0, \\[3mm] \lambda_j \geqslant 0, j = 1,2,\cdots,t, \end{cases} \iff (D_{CCR}^1)\begin{cases} \min \theta \\[2mm] \text{s. t. } \displaystyle\sum_{j=1}^{t} \lambda_j x_j + S^- \leqslant \theta x_0 \\[3mm] \displaystyle\sum_{j=1}^{t} \lambda_j y_j - S^+ = y_0 \\[3mm] \lambda_j \geqslant 0, j = 1,2,\cdots,t \\[2mm] S^-, S^+ \geqslant 0 \end{cases}$$

$$(5-4)$$

式（5-4）中，目标函数中的 $0 \leqslant \theta \leqslant 1$，$\theta$ 无约束，CCR 模型本质上为投入变量背后纯数学上的线性规划问题。CCR 模型和其他模型最主要的区别就是，不需要设定严格的假设条件，也不需要很具体的目标函数形式，主要是通过 θ 值的大小来衡量决策单元的技术效率。在既定的要素结构和技术条件下，θ 值越大，那么各个省级单位人力资本技术效率值越高；θ 越小，说明各省级单位人力资本投资技术效率越低。另外，s＋、s－为 CCR 模型中的待估计参数，s＋为各省级单位经济产出的松弛向量，s－为各省级单位投入变量的松弛向量。

BCC 模型是 Banker，Charnes 和 Cooper 三位学者在引进了 Shepherd 距离函数概念的基础上改善而来的，BCC 模型与 CCR 模型最重要的区别就是在模型中引入权重参数 λ 的约束条件，在既定投入条件下，求得各自能够获得最大可能产出的线性规划最优解。在此基础上，将技术效率分解，并考虑线性规划最优条件，建立如下的规模报酬可变模型：

$$
\begin{cases}
\min\theta \\
\text{s. t. } \sum_{j=1}^{t} \lambda_j x_j \leqslant \theta x_0, \\
\sum_{j=1}^{t} \lambda_j y_j \geqslant y_0, \\
I\lambda = 1 \\
\lambda_j \geqslant 0, j = 1,2,\cdots,t
\end{cases}
\tag{5-5}
$$

其中，$I = (1, 1, \cdots, 1)1t$。通过前述分析可知，规模效率主要是刻画规模报酬不变与规模报酬可变作对比时，两种不同状态的生产前沿面之间的距离，可以根据 SE = TE/PTE 这个等式，并在权重参数 λ 的约束条件和线性规划最优条件下，求出各个决策单元最终的规模效率，将每个决策单元的规模效率作横向的对比。另外，式（5-5）所求即是最优线性规划条件下的纯技术效率，纯技术效率主要刻画当规模报酬可变时两种状态生产前沿面之间的距离。如果两个生产前沿面之间的距离越大，则说明纯技术效率越低，反之，距离越小则说明纯技术效率越高。

（二）SFA 模型

第一阶段 DEA 估计模型没有考虑环境因素对各决策单元的影响，SFA 模型同时考虑了环境因素对各决策单元造成的效率值影响。依据前述分析可以看出，无论是 BCC 模型，还是 CCR 模型，都不能消除随机误差项和外部环境的影响。SFA 模型，主要是消除由于人为或者是主观因素造成的投入无效率。

第二阶段 SFA 模型沿用第一阶段的假设，实际上主要是在消除人为或主观因素的条件下，求出线性规划的最优解，现实经济运行中，投入差额变量会受到各种环境变量的影响，式（5-6）以 $Z_j = (Z_{1j}, Z_{2j}, \cdots, Z_{hj})$ 作为模型的因变量，建立以投入变量为导向的目标函数，并在此基础上，对投入差额变量的目标函数进行回归分析，最终得出各个决策单元的差额值的目标表达式：

$$S_{ij} = x_{ij} - \sum_{j=1}^{n} x_{ij}\lambda_{ij} \geqslant 0$$

$$i = 1, 2, \cdots, m; j = 1, 2, \cdots, n$$

$$(5-6)$$

其中，$\sum_{j=1}^{n} x_{ij}\lambda_{ij}$ 为决策单元第 j 单元第 i 项投入的理想值。则以 S_{ij} 为被解释变量，在此基础上，得到针对每个投入量共构建 m 个独立的 SFA 方程：

$$S_{ij} = f_i(z_j, \beta_j) + V_{ij} + U_{ij} \qquad (5-7)$$

式（5-7）中，V_{ij} 为目标函数的随机误差项，服从 $N(0, \sigma_{iv}^2)$ 分布；β_j 表示目标函数中待估参数向量；$f_i(z_i, \beta_j)$ 表示确定可行的差额前沿；U_{ij} 为非负随机向量，服从 $N^+(\mu_i, \sigma_{iu}^2)$ 分布；V_{ij} 与 U_{ij} 不相关，两者之和构成残差项。运用约翰罗（John row，1982）的方法分离随机扰动因素，进而对 V_{ij} 进行估计，则有：

$$\hat{E}\left[\frac{V_{ij}}{V_{ij} + U_{ij}}\right] = s_{ij} - z_j\hat{\beta}_j - \hat{E}\left[\frac{U_{ij}}{V_{ij} + U_{ij}}\right]$$

$$i = 1, 2, \cdots, m; j = 1, 2, \cdots, n$$

$$(5-8)$$

通过 SFA 方程回归，在最有效决策单元（DMU）条件下，以初始投入为基准，在线性规划最优的条件下，对其他样本初始投入进行调整，得出随机误差项影响 $\hat{E}\left[\frac{V_{ij}}{V_{ij} + U_{ij}}\right]$ 与外部环境因素对最终生产效率的影响 $z_{ij}\frac{\Lambda}{\beta_j}$。结果表述为：

$$x_{ij}^* = x_{ij} + \left[\max(z_j\hat{\beta}_j) - z_j\hat{\beta}_j\right] + \left[\max_j(\hat{V}_{ij} - \hat{V}_{ij})\right]$$

$$i = 1, 2, \cdots, m; j = 1, 2, \cdots, n$$

$$(5-9)$$

式（5-9）中，$\max_j(\hat{V}_{ij} - \hat{V}_{ij})$ 没有考虑目标函数中随机误差项的影响，$\max\left[(z_j\hat{\beta}_j) - (z_j\hat{\beta}_j)\right]$ 表示剔除外部环境效应的影响。

（三）调整后的 DEA 模型

第三阶段调整后的 DEA 模型，主要是对原始的投入量和产出量进行了一定的调整。通过前述第二阶段的分析可以知道，第二阶段消除了主观或者人为因素对模型效率的影响，在消除影响之后，再次运用 BCC 模型或者是 CCR 模型分析技术效率。通过第二阶段的 DEA 模型可知，由于 SFA 模型提出了随机误差项和外部环境因素对固定资产投资效率产生影响，调整后的 DEA 模型能更精确地反映固定资产投资对经济增长的影响。

二、变量选择与数据来源

（一）变量选择

投入产出指标选取。本书对于各主体固定资产投资效率的分析，主要是基于对经济增长效果的评价与测算，包括各投资主体在不同时间段、不同区域、不同行业固定资产投资额、新增固定资产投资。产出指标主要包括人均 GDP、GDP 增长速度、行业增加值、行业总产值、各省份人均 GDP、各省份 GDP 增长速度等。

环境变量指标选取。主要结合经济发展的规律，考虑哪些对固定资产投资效率有影响，但样本又不能控制的因素。主要包括以下四个变量：（1）农业固定资产投资比例，主要考察不同省级单位固定资产投资结构对投资效率的影响；（2）工业增加值比重，主要考察不同区域工业发展水平与工业体系的完善程度；（3）科技研发投入，反映不同区域、不同行业科技研发水平对投资效率的影响；（4）财政支出，不同地区、不同行业财政支出额；（5）城市人口比重，考察不同省份城市化水平对固定资产投资效率的影响。

（二）数据来源

本章主要选取三个类别的数据，第一个主要是将固定资产投资作为一个整体来考察不同投资主体随着时间推移固定资产投资效率的变化。第二个是通过选取 1998 ~ 2014 年中国 30 个省级单位的面板数据，对不同主体在各个省份投资效率进行实证分析。第三个就是对不同投资主体在不同行业的固定投资效率进行考察。各省级单位、各行业固定资产投资、新增固定资产投资，财政支出、科技研发投入、农业固定资产投资、工业增加值、城市人口比重、人均 GDP、CPI 等数据均来自 1996～2015 年《中国统计年鉴》《中国劳动年鉴》《中国财政年鉴》《中国人口年鉴》等，以及各个省级单位 1996～2015年统计年鉴。另外，部分财政支出、税收方面的数据来源于国家统计局、财政部、国税总局官方网站。考虑到西藏经济体量以及部分年份的数据存在缺失，将西藏剔除。

第二节　我国固定资本配置效率的整体测算

本节主要是对国有企业、有限责任企业、股份制企业、私营企业等不同投资主体 2006～2014 年固定资产投资效率进行考察。运用 Deap 4.1 软件，将不同投资主体的固定资产投资原始投入产出数据导入，然后根据前述所设定的三个阶段 DEA 模型对 2006～2014 年固定资产投资效率进行评估，固定资产投资对经济增长影响的综合技术效率（TE）、纯技术效率（PTE）和规模效率（SE），结果如表 5－1 所示。

一、国有企业固定资产投资效率

依据表 5－1 实证结果可以看出，国有企业 2006～2014 年，固定资产投资综合效率先下降后上升，其中 2010 年综合技术效率最低，效率值只有0.185。从数值上看，规模效率的平均值略高于综合效率，2006 年技术效率值低于 1，其他年份纯技术效率值都为 1，也就是说国有企业固定资产投资在2006 年技术效率无效。从规模效率来看，也是呈现先下降后上升的趋势，国有企业这几年规模报酬数值都小于 1，也就是说国有企业固定资产投资是规模报酬递减。

表 5－1　　　　　　　　　　国有企业固定资产投资效率

年份	综合效率	技术效率	规模效率	有效性
2006	0.805	0.964	0.815	无效 drs
2007	0.701	1.000	0.721	有效 drs
2008	0.466	1.000	0.496	有效 drs
2009	0.379	1.000	0.419	有效 drs

续表

年份	综合效率	技术效率	规模效率	有效性
2010	0.185	1.000	0.235	有效 drs
2011	0.476	1.000	0.536	有效 drs
2012	0.536	1.000	0.606	有效 drs
2013	0.625	1.000	0.705	有效 drs
2014	0.836	1.000	0.926	有效 drs

注：表中 drs 表示投入规模收益递减。

资料来源：2006~2014 年《中国统计年鉴》、WIND 数据库。

二、有限责任企业固定资产投资效率

依据表 5-2 实证结果可以看出，有限责任企业综合效率平均值为 0.853，技术效率平均值为 1.005，规模效率平均值为 0.963，规模效率平均值高于综合效率 0.11 个百分点。2006~2014 年，有限责任企业固定资产投资效率基本维持一个上升的趋势，并且数值都比较高，纯技术效率数值都大于 1，这说明有限责任企业技术是有效率的。从规模报酬来看，2006 年、2013 年、2014 年有限责任企业投资是规模报酬递增，2007 年、2010 年、2011 年、2012 年固定资产投资规模报酬不变，2008 年、2009 年规模报酬递减。

表 5-2　　　　　　　　　　有限责任企业固定资产投资效率

年份	综合效率	技术效率	规模效率	有效性
2006	0.798	1.001	1.002	有效 irs
2007	0.835	1.003	1.000	有效 irs
2008	0.812	1.004	0.823	有效 drs
2009	0.819	1.007	0.834	有效 drs
2010	0.846	1.008	1.000	有效 irs
2011	0.833	1.009	1.000	有效 irs
2012	0.840	1.006	1.000	有效 irs
2013	0.947	1.007	1.003	有效 irs
2014	0.954	1.003	1.007	有效 irs

注：表中 drs、irs 分别表示投入规模收益递减、递增。

资料来源：2006~2014 年《中国统计年鉴》、WIND 数据库。

三、股份有限企业固定资产投资效率

依据表 5 - 3 评估结果可以看出，股份有限企业固定资产投资综合效率平均值为 0.858，从数值上看，股份有限责任企业投资效率与有限责任企业差别不大。纯技术效率平均值为 1.006，从数值上看，有限责任企业技术效率和股份有限企业技术效率差别不大。规模报酬平均值为 0.964，略高于有限责任企业。从规模报酬数值看，2008 年、2009 年股份有限企业固定资产投资规模报酬递减，其他年份规模报酬递增。

表 5 - 3   股份有限企业固定资产投资效率

年份	综合效率	技术效率	规模效率	有效性
2006	0.799	1.002	1.003	有效 irs
2007	0.837	1.004	1.0012	有效 irs
2008	0.815	1.005	0.8244	有效 drs
2009	0.823	1.008	0.8356	有效 drs
2010	0.851	1.009	1.0018	有效 irs
2011	0.839	1.001	1.002	有效 irs
2012	0.847	1.007	1.0022	有效 irs
2013	0.955	1.008	1.0054	有效 irs
2014	0.963	1.004	1.0076	有效 irs

注：表中 drs、irs 分别表示投入规模收益递减、递增。

资料来源：2006～2014 年《中国统计年鉴》、WIND 数据库。

四、私营企业固定资产投资效率

从表 5 - 4 的实证分析结果来看，私营企业固定资产投资综合效率的平均值为 0.848，从数值上看，低于有限责任企业与股份有限企业，但高于国有企业综合效率。纯技术效率的平均值为 0.990，其中，2006 年、2007 年、2009 年是技术无效率的，其他年份技术有效。规模效率的平均值为 0.960，高于综合效率 0.12 个百分点，2013 年、2014 年是规模报酬递增，其他年份规模报酬递减。

表 5－4   私营企业固定资产投资效率

年份	综合效率	技术效率	规模效率	有效性
2006	0.797	0.996	0.997	无效 irs
2007	0.833	0.9985	0.9955	无效 irs
2008	0.809	1.000	0.819	有效 drs
2009	0.815	0.897	0.8305	有效 drs
2010	0.841	1.005	0.997	有效 drs
2011	0.827	1.0065	0.9975	有效 drs
2012	0.833	1.004	0.998	有效 drs
2013	0.939	1.0055	1.0015	有效 irs
2014	0.945	1.002	1.006	有效 irs

注：表中 drs、irs 分别表示投入规模收益递减、递增。
资料来源：2006～2014 年《中国统计年鉴》、WIND 数据库。

第三节 不同投资主体资本配置效率的行业差异

本节主要是对国有企业、有限责任企业、股份制企业、私营企业等不同投资主体在不同行业固定资产投资效率进行考察，运用 Deap 4.1 软件，将不同投资主体的固定资产投资原始投入产出数据导入，然后根据前述所设定的三个阶段 DEA 模型对不同投资主体分布于 20 个行业的固定资产投资效率进行评估，包括固定资产投资对行业增加值影响的综合技术效率（TE）、纯技术效率（PTE）和规模效率（SE）。实证分析结果只将第一阶段与第三阶段的评估结果标示出来，这样可以很好地反映不同投资主体在不同行业的投资效率。

一、国有企业分行业固定资产投资效率

为了更好地考察不同投资主体在不同行业的固定资产投资效率，本节将三阶段 DEA 模型第一阶段与第三阶段评估结果放到一起，第一次评价为第一阶段固定资产投资效率评估结果，第二次评估为第三阶段 DEA 评估结果。表 5－5～表 5－8 分别为国有企业、有限责任企业、股份有限企业、私营企

业在 20 个行业固定资产投资效率评估结果。由表 5 - 5 可以看出，国有企业行业固定资产投资第一次评估结果综合效率平均值为 0.645，纯技术效率平均值为 0.797，规模效率平均值为 0.751。第二次评估结果综合效率平均值为 0.790，纯技术效率平均值为 0.897，规模效率平均值为 0.858。

表 5 - 5　　　　　　　　　国有企业分行业固定资产投资效率

行业	第一次评价				第二次评价			
	（TE）	（PTE）	（SE）	有效性	（TE）	（PTE）	（SE）	有效性
农、林、牧、渔业	0.513	0.592	0.601	无效 drs	0.733	0.812	0.821	无效 drs
采矿业	0.913	1.000	0.923	有效 drs	1.003	1.009	1.003	有效 irs
制造业	0.467	0.564	0.243	无效 drs	0.627	0.724	0.403	无效 drs
电力、热力、燃气及水的生产和供应业	0.339	0.692	0.361	无效 drs	0.469	0.822	0.491	无效 drs
建筑业	0.737	0.875	0.872	无效 drs	0.837	0.975	0.972	无效 drs
交通运输、仓储和邮政业	0.791	1.000	0.879	有效 drs	1.001	1.002	1.009	有效 irs
信息传输、软件和信息技术服务业	0.467	0.929	0.664	无效 drs	0.657	1.009	0.854	有效 irs
批发和零售业	0.682	0.892	0.753	无效 drs	0.842	1.002	0.913	有效 irs
住宿和餐饮业	0.724	0.837	0.825	无效 drs	0.854	0.967	0.955	无效 drs
金融业	0.726	0.862	1.005	无效 irs	0.826	0.962	1.005	无效 irs
房地产业	0.876	0.958	1.002	无效 irs	1.006	1.008	1.002	有效 irs
租赁和商务服务业	0.762	0.836	1.001	无效 irs	0.952	1.006	1.001	无效 irs
科学研究和技术服务业	0.672	0.783	0.895	无效 drs	0.832	0.943	1.005	无效 irs
水利、环境和公共设施管理业	0.336	0.459	0.429	无效 drs	0.466	0.589	0.559	无效 drs
居民服务、修理和其他服务业	0.442	0.502	0.518	无效 drs	0.542	0.602	0.618	无效 drs
教育	0.872	1.003	1.007	有效 irs	1.002	1.003	1.007	有效 irs
卫生和社会工作	0.726	1.000	1.001	有效 irs	0.916	1.009	1.001	有效 irs
文化、体育和娱乐业	0.721	0.892	0.824	无效 drs	0.881	1.002	0.984	有效 drs
公共管理、社会保障和社会组织	0.702	0.738	0.756	无效 drs	0.832	0.868	0.886	无效 drs
国际组织	0.431	0.529	0.469	无效 drs	0.531	0.629	0.569	无效 drs

注：表中 drs、irs 分别表示投入规模收益递减、递增。

从第一次综合效率评估结果来看，20 个行业里面国有企业投资效率比较高的行业有采矿业、房地产业、教育三个行业，综合效率评估值超过 0.8。电力、热力、燃气及水的生产和供应业，水利、环境和公共设施管理业，国际组织三个行业综合效率最低，综合效率评估值都不超过 0.4。从纯技术效率数值来看，采矿业，交通运输、仓储和邮政业，教育，卫生和社会工作四个行业的固定资产投资技术上有效，其他几个行业技术效率比较低。从规模效率数值看，金融业，房地产业，租赁和商务服务业，教育，卫生和社会工作五个行业的投资规模报酬递增，也就是说国有企业应该增加这五个行业的投资，其他行业的投资规模报酬递减。

从第二次综合效率的评估结果来看，在去除随机误差项与外部环境的影响之后，综合效率平均值提高 0.14，纯技术效率平均值提高 0.10，规模效率平均值提高 0.11。从综合效率数值来看，国有企业在采矿业，交通运输、仓储和邮政业，房地产业，教育四个行业的投资综合效率超过 1，其他行业综合效率值都低于 1。从纯技术效率的数值来看，国有企业在采矿业，交通运输、仓储和邮政业，信息传输、软件和信息技术服务业，批发和零售业，房地产业，租赁和商务服务业，教育，卫生和社会工作，文化、体育和娱乐业等九个行业技术有效，和第一次评估结果相比，第二次评估结果纯技术有效的行业增加 5 个，其他行业在去除随机误差项与外部环境以后，仍旧是无效的。从规模效率的数值来看，国有企业在采矿业，交通运输、仓储和邮政业，金融业，租赁和商务服务业，房地产业，教育，科学研究和技术服务业，卫生和社会工作等行业是规模报酬递增的，与第一次评估结果相比，规模报酬递增行业增加了 4 个，也就是说国有企业需要在这 8 个行业增加固定资产投资。

二、有限责任企业分行业固定资产投资效率

由表 5-6 可以看出，有限责任企业固定资产投资分行业第一次评估结果综合效率平均值为 0.728，纯技术效率平均值为 0.861，规模效率平均值为 0.817。第二次评估结果综合效率平均值为 0.868，纯技术效率平均值为 0.939，规模效率平均值为 0.902。

表 5 - 6   有限责任企业分行业固定资产投资效率研究

行业	第一次评价				第二次评价			
	(TE)	(PTE)	(SE)	有效性	(TE)	(PTE)	(SE)	有效性
农、林、牧、渔业	0.602	0.681	0.690	无效 drs	0.836	0.915	0.924	无效 drs
采矿业	0.999	1.006	1.009	有效 irs	1.005	1.001	1.005	有效 irs
制造业	0.550	0.647	0.326	无效 drs	0.728	0.825	0.504	无效 drs
电力、热力、燃气及水的生产和供应业	0.419	0.772	0.441	无效 drs	0.569	0.922	0.591	无效 drs
建筑业	0.814	0.952	0.949	无效 drs	0.936	1.004	1.001	有效 irs
交通运输、仓储和邮政业	0.880	1.009	0.968	有效 drs	1.004	1.005	1.002	有效 irs
信息传输、软件和信息技术服务业	0.553	1.005	0.750	无效 drs	0.759	1.001	0.956	有效 drs
批发和零售业	0.765	0.975	0.836	无效 drs	0.943	1.003	1.004	有效 irs
住宿和餐饮业	0.804	0.917	0.905	无效 drs	0.954	1.007	1.005	有效 irs
金融业	0.803	0.939	1.002	无效 irs	0.925	1.001	1.004	有效 irs
房地产业	0.965	1.007	1.001	有效 irs	1.009	1.001	1.005	有效 irs
租赁和商务服务业	0.848	0.922	1.087	无效 irs	1.004	1.001	1.003	有效 irs
科学研究和技术服务业	0.755	0.866	0.978	无效 drs	0.933	1.004	1.006	有效 irs
水利、环境和公共设施管理业	0.416	0.539	0.509	无效 drs	0.566	0.689	0.659	无效 drs
居民服务、修理和其他服务业	0.519	0.579	0.595	无效 drs	0.641	0.701	0.717	无效 drs
教育	0.961	1.002	1.006	有效 irs	1.005	1.006	1.000	有效 irs
卫生和社会工作	0.812	1.006	1.007	有效 irs	1.008	1.001	1.003	有效 irs
文化、体育和娱乐业	0.804	0.975	0.907	无效 drs	0.982	1.003	1.005	有效 irs
公共管理、社会保障和社会组织	0.782	0.818	0.836	无效 drs	0.932	0.968	0.986	无效 drs
国际组织	0.508	0.606	0.546	无效 drs	0.630	0.728	0.668	无效 drs

注：表中 drs、irs 分别表示投入规模收益递减、递增。

依据有限责任企业第一次综合效率评估结果来看，综合效率数值超过 0.8 的行业有建筑业，交通运输、仓储和邮政业，住宿和餐饮业，金融业，房地产业，租赁和商务服务业，文化和社会工作，其他行业综合效率不高。从纯技术效率的数值来看，交通运输、仓储和邮政业，信息传输、软件和信息技术服务业，房地产业，教育，卫生和社会工作五个行业的纯技术效率大于 1，也就是说有限责任公司在这些行业的固定资产投资有效率。从规模效率的数值来看，采矿业、金融业、房地产业、租赁和商务服务业等行业规模效率数值大于 1，说明有限责任公司在这些行业固定资产投资是规模报酬递增的，在其他行业固定资产投资规模报酬递减。

从有限责任企业固定资产分行业投资综合效率的第二次评估结果来看，在去除随机误差项与外部环境的影响之后，综合效率平均值提高 0.12，纯技术效率平均值提高 0.07，规模效率平均值提高 0.09。从综合效率数值来看，有限责任企业在采矿业，交通运输、仓储和邮政业，房地产业，租赁和商务服务业，教育，卫生和社会工作五个行业的投资综合效率超过 1，其他行业综合效率值都低于 1。从纯技术效率的数值来看，有限责任企业在采矿业，建筑业，交通运输、仓储和邮政业，信息传输、软件和信息技术服务业，批发和零售业，住宿和餐饮业，金融业，房地产业，租赁和商务服务业，科学研究和技术服务业，教育，卫生和社会工作，文化、体育和娱乐业等 13 个行业技术有效，和第一次评估结果相比，第二次评估结果纯技术有效的行业增加了 6 个，其他行业在去除随机误差项与外部环境以后，仍旧是无效的。从规模效率的数值来看，有限责任企业固定资产投资在采矿业，建筑业，交通运输、仓储和邮政业，批发和零售业，住宿和餐饮业，金融业，房地产业，租赁和商务服务业，科学研究和技术服务业，卫生和社会工作，文化、体育和娱乐业等行业是规模报酬递增的，与第一次评估结果相比，规模报酬递增行业增加了 6 个，也就是说有限责任企业需要在这 8 个行业增加固定资产投资。在教育行业固定资产投资规模报酬不变，这说明有限责任企业在这个行业投资已经达到饱和，不需要继续追加投资，在其他行业固定资产投资规模报酬递减。

三、股份有限企业分行业固定资产投资效率

由表 5-7 可以看出，股份有限企业分行业固定资产投资第一次评估结果综合效率平均值为 0.773，纯技术效率平均值为 0.892，规模效率平均值为 0.845。第二次评估结果综合效率平均值为 0.873，纯技术效率平均值为 0.946，规模效率平均值为 0.906。

表 5 − 7　　　　　　　股份有限企业分行业固定资产投资效率研究

行业	第一次评价				第二次评价			
	（TE）	（PTE）	（SE）	有效性	（TE）	（PTE）	（SE）	有效性
农、林、牧、渔业	0.639	0.718	0.727	无效 drs	0.761	0.840	0.849	无效 drs
采矿业	1.040	1.007	1.005	有效 irs	1.003	1.005	1.003	有效 irs
制造业	0.595	0.692	0.371	无效 drs	0.719	0.816	0.495	无效 drs
电力、热力、燃气及水的生产和供应业	0.468	0.821	0.490	无效 drs	0.593	0.946	0.615	无效 drs
建筑业	0.867	1.005	1.002	有效 irs	0.993	1.001	1.008	有效 irs
交通运输、仓储和邮政业	0.917	1.006	1.005	有效 irs	1.004	1.003	1.002	有效 irs
信息传输、软件和信息技术服务业	0.594	1.006	0.791	有效 drs	0.722	1.004	0.919	有效 drs
批发和零售业	0.810	1.002	0.881	有效 drs	0.932	1.002	1.003	有效 irs
住宿和餐饮业	0.853	0.966	0.954	无效 drs	0.976	1.009	1.007	有效 irs
金融业	0.856	0.992	1.005	无效 irs	0.980	1.006	1.009	有效 irs
房地产业	1.002	1.004	1.008	有效 drs	1.007	1.009	1.003	有效 irs
租赁和商务服务业	0.889	0.963	1.008	无效 irs	1.005	1.009	1.004	有效 irs
科学研究和技术服务业	0.801	0.911	1.003	无效 irs	0.927	1.008	1.005	有效 irs
水利、环境和公共设施管理业	0.465	0.588	0.558	无效 drs	0.593	0.716	0.686	无效 drs
居民服务、修理和其他服务业	0.572	0.632	0.648	无效 drs	0.694	0.754	0.770	无效 drs
教育	0.998	1.009	1.003	有效 irs	1.001	1.002	1.006	有效 irs
卫生和社会工作	0.853	1.007	1.008	有效 irs	0.977	1.001	1.002	有效 irs
文化、体育和娱乐业	0.849	1.002	0.952	有效 drs	0.974	1.005	1.007	有效 irs
公共管理、社会保障和社会组织	0.831	0.867	0.885	无效 drs	0.957	0.993	1.001	无效 irs
国际组织	0.561	0.659	0.599	无效 drs	0.688	0.786	0.726	无效 drs

注：表中 drs、irs 分别表示投入规模收益递减、递增。

从第一次综合效率实证分析结果来看，股份有限企业固定资产投资效率比较高的行业有采矿业，建筑业，交通运输、仓储和邮政业，批发和零售业，住宿和餐饮业，金融业，房地产业，租赁和商务服务业，科学研究和技术服务业，教育，卫生和社会工作，文化、体育和娱乐业，公共管理、社会保障和社会组织等行业比较高，数值超过 0.8。从纯技术效率的角度来看，采矿业，建筑业，交通运输、仓储和邮政业，信息传输、软件和信息技术服务业，批发和零售业，房地产业，租赁和商务服务业，科学研究和技术服务业，水利、环境和公共设施管理业，居民服务、修理和其他服务业，教育，卫生和社会工作，文化、体育和娱乐业等行业技术效率数值大于 1，其他行业技术效率值小于 1。

从规模效率数值看，采矿业，建筑业，交通运输、仓储和邮政业，批发和零售业，金融业，房地产业，租赁和商务服务业，科学研究和技术服务业，教育，卫生和社会工作等行业的投资规模报酬递增，也就是说国有企业应该增加这些行业的投资，其他行业的投资规模报酬递减。

从第二次综合效率的评估结果来看，在去除随机误差项与外部环境的影响之后，综合效率平均值提高 0.10，纯技术效率平均值提高 0.06，规模效率平均值提高 0.055。从综合效率数值来看，采矿业，交通运输、仓储和邮政业，信息传输、软件和信息技术服务业，批发和零售业，住宿和餐饮业，金融业，房地产业，租赁和商务服务业，科学研究和技术服务业，教育，卫生和社会工作等行业综合效率数值超过 1，说明股份有限企业在这些行业的投资总体效率比较高。从纯技术效率的数值来看，股份有限企业在采矿业，建筑业，交通运输、仓储和邮政业，信息传输、软件和信息技术服务业，批发和零售业，住宿和餐饮业，金融业，房地产业，租赁和商务服务业，科学研究和技术服务业，教育，卫生和社会工作，文化、体育和娱乐业等行业纯技术效率数值超过 1，股份有限企业在其他行业的固定资产投资效率比较低。从规模效率的数值来看，股份有限企业在采矿业，建筑业，交通运输、仓储和邮政业，批发和零售业，住宿和餐饮业，金融业，房地产业，租赁和商务服务业，科学研究和技术服务业，教育，卫生和社会工作，文化、体育和娱乐业，公共管理、社会保障和社会组织等行业的固定资产投资规模报酬递增，与第一次评估结果相比，规模报酬递增行业增加了 3 个，也就是说国有企业需要在这 13 个行业增加固定资产投资，其他 7 个行业固定资产投资规模报酬递减，股份有限企业需要减少在这些行业的投资。

四、私营企业分行业固定资产投资效率

由表 5-8 可知，私营企业固定资产投资分行业第一次评估结果综合效率

平均值为 0.667，纯技术效率平均值为 0.825，规模效率平均值为 0.778。第二次评估结果综合效率平均值为 0.844，纯技术效率平均值为 0.928，规模效率平均值为 0.887。

表 5 −8 　　　　　　私营企业企业分行业固定资产投资效率研究

行业	第一次评价				第二次评价			
	（TE）	（PTE）	（SE）	有效性	（TE）	（PTE）	（SE）	有效性
农、林、牧、渔业	0.542	0.622	0.632	无效 drs	0.793	0.873	0.883	无效 drs
采矿业	0.944	1.002	0.956	有效 drs	1.005	1.002	1.007	有效 irs
制造业	0.500	0.598	0.278	无效 drs	0.691	0.789	0.469	无效 drs
电力、热力、燃气及水的生产和供应业	0.374	0.728	0.398	无效 drs	0.535	0.889	0.559	无效 drs
建筑业	0.774	0.913	0.911	无效 drs	0.905	1.004	1.002	有效 irs
交通运输、仓储和邮政业	0.820	1.000	0.910	有效 drs	1.001	1.003	1.001	有效 irs
信息传输、软件和信息技术服务业	0.498	0.961	0.697	无效 drs	0.719	1.002	0.918	有效 drs
批发和零售业	0.715	0.926	0.788	无效 drs	0.906	1.007	0.979	有效 drs
住宿和餐饮业	0.759	0.873	0.862	无效 drs	0.920	1.004	1.003	有效 irs
金融业	0.763	0.900	1.004	无效 irs	0.894	1.001	1.005	有效 irs
房地产业	0.905	0.988	1.003	无效 irs	1.066	1.009	1.004	有效 irs
租赁和商务服务业	0.793	0.868	1.004	无效 irs	1.004	1.009	1.005	有效 irs
科学研究和技术服务业	0.705	0.817	0.930	无效 drs	0.896	1.008	1.001	有效 drs
水利、环境和公共设施管理业	0.371	0.495	0.466	无效 drs	0.532	0.656	0.627	无效 drs
居民服务、修理和其他服务业	0.479	0.540	0.557	无效 drs	0.610	0.671	0.688	无效 drs
教育	0.901	1.003	1.008	无效 irs	1.002	1.004	1.009	有效 irs
卫生和社会工作	0.757	1.002	1.004	无效 irs	0.978	1.002	1.005	有效 irs
文化、体育和娱乐业	0.754	0.926	0.859	无效 drs	0.945	1.000	1.000	有效 drs
公共管理、社会保障和社会组织	0.737	0.774	0.793	无效 drs	0.898	0.935	0.954	无效 drs
国际组织	0.468	0.567	0.508	无效 drs	0.599	0.698	0.639	无效 drs

注：表中 drs、irs 分别表示投入规模收益递减、递增。

依据私营企业第一次综合效率评估结果来看，综合效率数值超过 0.8 的行业有采矿业，交通运输、仓储和邮政业，房地产业，教育等行业，其他行业私营企业投资的综合效率不高。从纯技术效率的数值来看，采矿业，交通运输、仓储和邮政业，教育，卫生和社会工作四个行业的纯技术效率大于 1，也就是说私营企业在这几个行业固定资产投资技术有效。从规模效率的数值来看，金融业、房地产业、租赁和商务服务业、教育、卫生和社会工作等行业规模效率数值大于 1，说明私营企业在这些行业固定资产投资是规模报酬递增的，在其他行业固定资产投资规模报酬递减。

从私营企业固定资产分行业投资综合效率的第二次实证分析结果来看，在去除随机误差项与外部环境的影响之后，综合效率平均值提高 0.17，纯技术效率平均值提高 0.10，规模效率平均值提高 0.11。从综合效率数值来看，私营企业在采矿业，交通运输、仓储和邮政业，房地产业，租赁和商务服务业，教育等行业的综合效率值大于 1，其他行业固定资产投资综合效率低于 1。从纯技术效率的数值来看，私营企业在采矿业，建筑业，交通运输、仓储和邮政业，信息传输、软件和信息技术服务业，批发和零售业，住宿和餐饮业，金融业，房地产业，租赁和商务服务业，科学研究和技术服务业，教育，卫生和社会工作，文化、体育和娱乐业等行业纯技术效率大于 1，也就是说私营企业在这些行业固定资产投资技术上是有效率的。与第一次实证分析结果相比，私营企业固定资产投资有效的行业增加了 6 个。从规模效率的数值来看，私营企业固定资产投资在采矿业，建筑业，交通运输、仓储和邮政业，住宿和餐饮业，金融业，房地产业，租赁和商务服务业，科学研究和技术服务业，教育，卫生和社会工作等行业是规模报酬递增的，与第一次评估结果相比，规模报酬递增行业增加了 5 个，也就是私营企业需要在 10 个行业增加固定资产投资。文化、体育和娱乐业固定资产投资规模报酬不变，说明有限责任企业在这个行业投资已经达到饱和，不需要继续追加投资，在其他行业固定资产投资规模报酬递减。

第四节　不同投资主体资本配置效率的地区差异

本节主要是对国有企业、有限责任企业、股份制企业、私营企业等不同投资主体在不同区域固定资产投资效率进行考察，运用 Deap 4.1 软件，将不同投资主体的固定资产投资原始投入产出数据导入，然后根据前述所设定的三个阶段 DEA 模型对不同投资主体在我国东、中、西部地区 30 个省份的固定资产投资效率进行评估①，包括固定资产投资对行业增加值影响的综合技术效率（TE）、纯技术效率（PTE）和规模效率（SE）。实证分析结果只将第一阶段与第三阶段评估结果标示出来，这样可以很好地反映不同投资主体在不同区域的投资效率。表 5-9 至表 5-12 分别为国有企业、有限责任企业、股份有限企业、私营企业在东、中、西部地区固定资产投资效率评估结果。

一、国有企业分地区固定资产投资效率

为了更好地考察不同投资主体在不同区域的固定资产投资效率，本节将三阶段 DEA 模型第一阶段与第三阶段评估结果放到一起进行分析。第一次评价为不同区域第一阶段固定资产投资效率评估结果，第二次评价为不同区域第三阶段 DEA 评估结果。表 5-9 为国有企业分地区固定资产投资效率实证分析结果。

表 5-9　　　　　　　　　国有企业分地区固定资产投资效率

区域		第一次评价				第二次评价			
		（TE）	（PTE）	（SE）	有效性	（TE）	（PTE）	（SE）	有效性
东部地区	北京	1.002	1.003	1.001	有效 irs	1.003	1.003	1.006	有效 irs
	天津	1.001	1.004	1.003	有效 irs	1.002	1.001	1.005	有效 irs
	河北	1.005	1.003	1.002	有效 irs	1.000	1.003	1.000	有效 irs
	辽宁	0.978	0.921	0.947	无效 drs	0.978	0.978	0.999	有效 -
	上海	1.005	1.002	1.003	有效 irs	1.006	1.010	1.007	有效 irs
	江苏	1.001	1.000	1.001	有效 irs	1.003	1.002	1.006	有效 irs
	浙江	1.002	1.004	1.003	有效 irs	1.000	1.006	1.004	有效 irs
	福建	1.009	1.003	1.000	有效 -	1.005	1.002	1.001	有效 irs
	山东	1.007	1.004	1.001	有效 irs	1.010	1.006	1.004	有效 irs
	广东	1.007	1.005	1.006	有效 irs	1.007	1.005	1.002	有效 irs
	海南	1.001	1.002	1.000	有效 -	1.001	1.003	1.002	有效 irs

---

① 依据 2000 年国家西部大开发规划的划分标准，东部地区包括北京、天津、河北、辽宁、上海、江苏、浙江、福建、山东、广东和海南；中部地区包括山西、吉林、黑龙江、安徽、江西、河南、湖北、湖南；西部地区包括内蒙古、广西、重庆、四川、贵州、云南、陕西、甘肃、青海、宁夏、新疆、西藏。由于西藏数据缺失较为严重，没有纳入分析范围。

续表

区域		第一次评价				第二次评价			
		（TE）	（PTE）	（SE）	有效性	（TE）	（PTE）	（SE）	有效性
中部地区	山西	0.912	0.933	0.965	无效 drs	0.966	0.976	0.932	无效 drs
	吉林	0.952	0.952	0.968	无效 drs	0.960	0.978	0.983	无效 drs
	黑龙江	0.961	0.937	0.999	无效 drs	1.000	0.972	1.001	有效 irs
	安徽	0.951	0.922	0.958	无效 drs	0.974	0.961	0.969	无效 drs
	江西	0.955	0.936	0.947	无效 drs	0.961	0.982	0.989	无效 drs
	河南	0.940	0.914	0.999	无效 drs	1.000	1.001	0.999	有效 drs
	湖北	0.931	0.957	0.954	无效 drs	1.001	0.977	0.987	有效 drs
	湖南	0.951	0.873	0.954	无效 drs	0.965	0.950	0.971	无效 drs
西部地区	内蒙古	0.936	0.911	0.933	无效 drs	0.970	0.982	0.960	无效 drs
	广西	0.977	0.892	0.936	无效 drs	0.981	0.958	0.984	无效 drs
	重庆	1.001	1.003	1.000	有效 –	1.003	1.001	1.002	有效 irs
	四川	0.938	0.922	0.923	无效 drs	0.970	0.943	0.974	无效 drs
	贵州	0.940	0.891	0.900	无效 drs	0.957	0.955	0.986	无效 drs
	云南	0.911	0.883	0.902	无效 drs	0.960	0.967	0.980	无效 drs
	陕西	1.001	1.002	0.999	有效 drs	1.000	1.001	0.999	无效 drs
	甘肃	0.844	0.860	0.860	无效 drs	0.934	0.946	0.963	无效 drs
	青海	0.861	0.851	0.866	无效 drs	0.916	0.931	0.953	无效 drs
	宁夏	0.870	0.840	0.876	无效 drs	0.924	0.931	0.950	无效 drs
	新疆	0.874	0.850	0.867	无效 drs	0.999	1.002	0.967	有效 drs

注：表中 drs、–、irs 分别表示投入规模收益递减、不变、递增。

第一，依据实证结果，国有企业分地区固定资产投资效率第一次评估结果综合效率平均值为 1.001，纯技术效率平均值为 0.995，规模效率平均值为 0.997。第二次评估结果综合效率平均值为 1.002，纯技术效率平均值为 1.001，规模效率平均值为 1.003。从数值上看，第一次实证分析结果与第二次实证分析结果中，规模技术效率都高于纯技术效率，也就是说国有企业分地区固定资产投资投入变量的无效性主要是由于纯技术效率导致，这也在一定程度上说明，技术效率是导致固定资产投资对经济增长作用无效性的主要原因。因此，按照样本目前的产出冗余对固定资产投资的改变，CCR 模型的测算结果更为准确。

第二，将 30 个省级单位分为东、中、西三部分，东部地区江苏、浙江、福建、北京、天津、河北、上海、山东、广东、海南等国有企业固定资产投资综合效率、纯技术效率都大于或等于1,说明这些省份以国有企业为投资主体的固定资产投资对经济增长的促进作用更为显著,国有企业固定资产投资处于前沿面上。西部地区除陕西、重庆两个省市国有企业固定资产投资综合效率、纯技术效率大于1,其他地区都或多或少存在投入变量的无效性,说明这两个省份国有企业固定资产投资对经济增长的促进作用也比较明显,纯技术效率不是制约人力资本发挥作用的主要因素。另外,西北地区新疆、青海、甘肃、宁夏四个省级单位国有企业固定资产投资综合效率与其他省份相比明显较低,说明这些地区固定资产投资对经济增长的作用有待提高。这4个省份需要加强国有企业固定资产投资,同时需要出台一些措施提高固定资产的使用效率。

第三,从规模报酬来看,东部地区省级单位中,北京、天津、江苏、浙江、山东、河北、上海、广东等国有企业固定资产投资的规模报酬数值大于1,说明这几个省份的国有企业固定资产投资应该继续加大。东部地区的福建、海南和西部地区的重庆国有企业固定资产投资规模报酬不变,说明这3个省份国有企业固定资产投资已经达到最优水平,不需要继续增加固定资产投资。其他17个省份人力资本规模效率小于1,说明这些地区国有企业固定资产投资规模报酬是递减的。

剔除随机误差项与外部环境的影响后,对比表5-9中第二次与第一次实证检验结果可以发现,大部分省级单位的计量结果都发生了比较明显的变化。经过调整以后,规模效率的平均值提高0.006;综合效率平均值提高为0.002;纯技术效率的平均值提高0.006。可以看出纯技术效率与规模效率提高最明显,综合效率提高不大。显然,传统的DEA方法并没有去除经济社会传统等因素的影响,从而造成对区域内部差异程度的高估和整体效率水平的低估。调整后第三阶段DEA实证检验结果显示,国有企业固定资产投资综合效率大于1的省份由11个增加到15个,增加的省份分别为辽宁、黑龙江、湖北、河南。纯技术效率大于1的省份增加2个,分别为河南、新疆。除重庆市由规模报酬不变调整为规模报酬递增外,其他省份国有企业固定资产投资的规模报酬均未发生变化。

二、有限责任企业分地区固定资产投资效率

表5-10为国有企业分地区固定资产投资效率实证分析结果。第一次评价为三阶段DEA模型第一阶段评估结果,第二次评价为三阶段DEA模型第二阶段评估结果。

表 5 – 10　　　　　　　　　**有限责任公司分地区固定资产投资效率**

区域		第一次评价				第二次评价			
		（TE）	（PTE）	（SE）	有效性	（TE）	（PTE）	（SE）	有效性
东部地区	北京	1.008	1.008	1.014	有效 irs	1.009	1.008	1.001	有效 irs
	天津	1.005	1.013	1.013	有效 irs	1.006	1.005	1.008	有效 irs
	河北	1.007	1.011	1.012	有效 irs	1.002	1.006	1.001	有效 irs
	辽宁	0.988	0.939	0.956	无效 drs	0.988	0.990	1.008	无效 irs
	上海	1.007	1.003	1.010	有效 irs	1.008	1.001	1.008	有效 irs
	江苏	0.996	0.996	0.996	无效 drs	0.998	0.997	1.000	无效 irs
	浙江	1.006	1.006	1.005	有效 irs	1.005	1.002	0.998	有效 drs
	福建	1.004	1.004	1.004	有效 irs	1.000	0.999	1.005	有效 irs
	山东	1.006	1.002	0.999	有效 irs	0.999	1.004	1.002	有效 irs
	广东	1.006	1.004	1.004	有效 irs	1.006	1.004	1.000	有效 irs
	海南	1.005	1.007	1.003	有效 irs	1.005	1.008	1.006	有效 irs
中部地区	山西	0.926	0.946	0.978	无效 drs	0.980	0.989	0.945	无效 drs
	吉林	0.964	0.964	0.979	无效 drs	0.972	0.990	0.994	无效 drs
	黑龙江	0.971	0.948	1.000	无效 irs	1.000	0.983	1.001	无效 irs
	安徽	0.954	0.927	0.960	无效 drs	0.977	0.966	0.971	无效 drs
	江西	0.962	0.942	0.953	无效 drs	0.968	0.988	0.995	无效 drs
	河南	0.947	0.921	1.005	无效 irs	0.997	0.998	1.005	无效 irs
	湖北	0.938	0.965	1.000	无效 –	0.998	0.985	1.001	无效 irs
	湖南	0.958	0.882	1.000	无效 –	0.972	0.959	1.002	无效 irs
西部地区	内蒙古	0.950	0.925	0.946	无效 drs	0.984	0.996	0.973	无效 drs
	广西	0.989	0.905	0.947	无效 drs	0.993	0.971	0.995	无效 drs
	重庆	1.001	1.005	1.009	有效 irs	1.003	1.003	1.001	有效 irs
	四川	0.950	0.933	0.934	无效 drs	0.982	0.954	0.985	无效 drs
	贵州	0.945	0.896	0.904	无效 drs	0.962	0.960	0.990	无效 drs
	云南	0.916	0.889	0.906	无效 drs	0.965	0.973	0.984	无效 drs
	陕西	1.006	0.999	1.003	无效 irs	1.005	0.998	1.003	有效 irs
	甘肃	0.853	0.868	0.868	无效 drs	0.943	0.954	0.971	无效 drs
	青海	0.870	0.860	0.874	无效 drs	0.925	0.940	0.961	无效 drs
	宁夏	0.884	0.855	0.889	无效 drs	0.938	0.946	0.963	无效 drs
	新疆	0.886	0.864	0.878	无效 drs	1.011	1.006	0.978	有效 drs

注：表中 drs、– 、irs 分别表示投入规模收益递减、不变、递增。

第一，依据实证结果，有限责任企业分地区固定资产投资效率第一次实证分析结果中：东部地区综合效率平均值为 1.003，纯技术效率平均值为 0.999，规模效率平均值为 1.001；中部地区综合效率平均值为 0.952，纯技术效率平均值 0.936，规模效率平均值为 0.975；西部地区综合效率平均值为 0.932，纯技术效率平均值为 0.909，规模效率平均值为 0.923。有限责任企业分地区固定资产投资第二次实证分析结果中：东部地区综合效率平均值为 1.002，纯技术效率平均值为 1.002，规模效率平均值为 1.003；中部地区综合效率平均值为 0.983，纯技术效率平均值为 0.982，规模效率平均值为 0.985；西部地区综合效率平均值为 0.974，纯技术效率平均值为 0.973，规模效率平均值为 0.982。通过对比可以发现，有限责任企业在东部地区固定资产投资综合效率、纯技术效率、规模效率都最高，中部地区次之，西部地区最低。但第二次评估结果中，中部地区与西部地区纯技术效率与规模效率差别不大。

第二，有限责任公司分地区固定资产投资综合效率第一次评估结果中，东部地区江苏、浙江、福建、北京、天津、河北、上海、山东、广东、海南等省份有限责任企业固定资产投资综合效率、纯技术效率都大于1，说明这些省份有限责任企业固定资产投资处于前沿面上。另外，西部地区重庆、陕西两个省份有限责任企业固定资产投资综合效率大于1，其他地区都或多或少存在投入变量的无效性，这主要是由于重庆市近年来金融业发展不错，陕西省作为"一带一路"的重点区域，固定资产投资效率相对较高。与国有企业固定资产投资效率相比，有限责任公司综合效率、纯技术效率、规模效率比较高。西北地区由于地域广阔，基础设施建设欠账太多，所以固定资产投资效率相对较低。

第三，从规模报酬看，有限责任企业固定资产投资规模报酬递增的省份有 12 个，分别是北京、天津、河北、浙江、上海、广东、海南、黑龙江、河南、重庆等，这些地区需要继续追加固定资产投资。规模报酬递减的省份主要有辽宁、江苏、山东、陕西、吉林、安徽、江西、内蒙古、广西、四川、贵州、云南、甘肃、青海、宁夏、新疆等。规模报酬不变的省份是湖南、湖北，说明这两个省份有限责任企业的固定资产投资已经达到饱和。

三阶段 DEA 模型，第一阶段为没有去除随机误差项与外部环境的影响，第二次评估结果为三阶段 DEA 模型的第三阶段实证分析结果。对比有限责任企业固定资产投资两次评估结果可以看出，东部地区综合效率平均值变化不大，纯技术效率提高 0.003，规模效率平均值提高 0.002；中部地区综合效率提高 0.004，纯技术效率提高 0.005，规模效率变化不大；西部地区综合效率提高 0.003，纯技术效率提高 0.007，规模效率提高 0.006。显然，传统的 DEA 方法并没有去除经济社会传统等因素的影响，从而造成对区域内部差异程度的高估和整体效率水平的低估。第二次评估结果有限责任企业固定资产投资效率综合效率大于 1 的省份由 11 个增加到 12 个，纯技术效率大于 1 的省份没有变化，规模效率大于 1 的省份由 12 个减少为 11 个，但是湖南省由规模报酬不变变为规模报酬递增。

三、股份有限企业分地区固定资产投资效率

表 5‑11 为股份有限企业分地区固定资产投资效率实证分析结果。第一次评价为三阶段 DEA 模型第一阶段评估结果，第二次评价为三阶段 DEA 模型第二阶段评估结果。

表 5‑11   **股份有限公司分地区效应固定资产投资效率**

区域		第一次评价				第二次评价			
		（TE）	（PTE）	（SE）	有效性	（TE）	（PTE）	（SE）	有效性
东部地区	北京	1.003	1.003	1.009	有效 irs	1.004	1.003	1.006	有效 irs
	天津	1.001	1.009	1.009	有效 irs	1.002	1.001	1.004	有效 irs
	河北	1.004	1.008	1.009	有效 irs	1.009	1.003	1.008	有效 irs
	辽宁	0.986	0.937	0.954	无效 drs	0.986	0.988	1.006	有效 irs
	上海	1.006	1.002	1.009	有效 irs	1.007	1.000	1.007	有效 irs
	江苏	1.001	1.001	1.001	有效 irs	1.003	1.002	1.005	有效 irs
	浙江	1.010	1.080	1.009	有效 irs	1.009	1.006	1.002	有效 irs
	福建	1.007	1.007	1.007	有效 irs	1.003	1.002	1.008	有效 irs
	山东	1.008	1.004	1.001	有效 irs	1.001	1.006	1.004	有效 irs
	广东	1.007	1.005	1.005	有效 irs	1.007	1.005	1.001	有效 irs
	海南	1.000	1.002	1.008	有效 irs	1.000	1.003	1.001	有效 irs
中部地区	山西	0.923	0.943	0.975	无效 drs	0.977	0.986	0.942	无效 drs
	吉林	0.962	0.962	0.977	无效 drs	0.970	0.988	0.992	无效 drs
	黑龙江	0.970	0.947	1.007	无效 irs	1.009	0.982	1.009	有效 irs
	安徽	0.959	0.932	0.965	无效 drs	0.982	0.971	0.976	无效 drs
	江西	0.966	0.946	0.957	无效 drs	0.972	0.992	0.999	无效 drs
	河南	0.950	0.924	1.008	无效 irs	1.000	1.001	1.008	有效 irs
	湖北	0.940	0.967	0.962	无效 drs	1.000	0.987	0.995	无效 drs
	湖南	0.959	0.883	0.961	无效 drs	0.973	0.960	0.978	无效 drs

续表

区域		第一次评价				第二次评价			
		（TE）	（PTE）	（SE）	有效性	（TE）	（PTE）	（SE）	有效性
西部地区	内蒙古	0.946	0.921	0.942	无效 drs	0.980	0.992	0.969	无效 drs
	广西	0.986	0.902	0.944	无效 drs	0.990	0.968	0.992	无效 drs
	重庆	1.009	1.003	1.007	有效 irs	1.001	1.001	1.009	有效 irs
	四川	0.949	0.932	0.933	无效 drs	0.981	0.953	0.984	无效 drs
	贵州	0.950	0.901	0.909	无效 drs	0.967	0.965	0.995	无效 drs
	云南	0.920	0.893	0.910	无效 drs	0.969	0.977	0.988	无效 drs
	陕西	1.009	1.002	1.006	有效 irs	1.008	1.001	1.006	有效 irs
	甘肃	0.855	0.870	0.870	无效 drs	0.945	0.956	0.973	无效 drs
	青海	0.871	0.861	0.875	无效 drs	0.926	0.941	0.962	无效 drs
	宁夏	0.879	0.850	0.884	无效 drs	0.933	0.941	0.958	无效 drs
	新疆	0.882	0.860	0.874	无效 drs	1.007	1.002	0.974	有效 drs

注：表中 drs、irs 分别表示投入规模收益递减、递增。

第一，由表 5-11 可知，股份有限企业分地区固定资产投资效率第一次实证分析结果中：东部地区综合效率平均值为 1.003，纯技术效率平均值为 1.005，规模效率平均值为 1.001；中部地区综合效率平均值为 0.953，纯技术效率平均值为 0.938，规模效率平均值为 0.976；西部地区综合效率平均值为 0.932，纯技术效率平均值为 0.908，规模效率平均值为 0.913。股份有限企业分地区固定资产投资第二次实证分析结果中：东部地区综合效率平均值为 1.002，纯技术效率平均值为 1.002，规模效率平均值为 1.004；中部地区综合效率平均值为 0.985，纯技术效率平均值为 0.986，规模效率平均值为 0.989；西部地区综合效率平均值为 0.978，纯技术效率平均值为 0.976，规模效率平均值为 0.983。通过对比可以发现，股份有限企业分地区投资第二次评估结果与第一次评估结果相比变化不大，这主要是由于股份有限企业受到外部环境的影响相对固定资产投资的其他主体要小。

第二，股份有限企业分地区固定资产投资综合效率第一次评估结果中，东部地区江苏、浙江、福建、北京、天津、河北、上海、山东、广东、海南等省份综合效率都大于 1，而中西部地区股份有限企业固定资产投资综合效率大于 1 的省份只有两个。从纯技术效率的数值来看，东部地区股份有限企业纯技术效率都大于 1，说明股份有限企业固定资产投资技术上有效。

第三，从规模报酬看，股份有限企业固定资产投资规模报酬递增的省份主要有北京、天津、河北、浙江、福建、江苏、上海、广东、海南、黑龙江、河南、重庆等，这些地区股份有限企业需要继续追加固定资产投资。规模报酬递减的省份主要有辽宁、江苏、山东、陕西、吉林、安徽、江西、湖北、湖南、内蒙古、广西、四川、贵州、云南、甘肃、青海、宁夏、新疆等。辽宁省规模报酬递减主要是由于人口外流，以及近年来经济下滑造成的，西北地区规模报酬递减主要是由客观环境造成的。

三阶段 DEA 模型，第一阶段为没有去除随机误差项与外部环境的影响，第二次评估结果为三阶段 DEA 模型的第三阶段实证分析结果，对比股份有限企业固定资产投资两次评估结果可以看出，东、中、西部地区不同省份综合效率、纯技术效率、规模效率平均值变化不大，说明股份有限企业固定资产投资受到随机误差项的影响比较小。第二次评估结果有限责任企业固定资产投资效率综合效率大于 1 的省份由 11 个增加到 16 个，技术有效的省份由 11 个变为 15 个，规模报酬递增的省份由 14 个变为 15 个。

四、私营企业分地区固定资产投资效率

表 5-12 为私营企业分地区固定资产投资效率实证分析结果。第一次评价为三阶段 DEA 模型第一阶段评估结果，第二次评价为三阶段 DEA 模型第二阶段评估结果。

表 5-12　　　　　　　　私营企业地区固定资产投资效率

区域		第一次评价				第二次评价			
		（TE）	（PTE）	（SE）	有效性	（TE）	（PTE）	（SE）	有效性
东部地区	北京	1.002	1.001	1.008	有效 irs	1.003	1.001	1.005	有效 irs
	天津	0.999	1.008	1.006	有效 irs	1	1	1.001	有效 irs
	河北	1.001	1.008	1.004	有效 irs	1.006	1.003	1.003	有效 irs
	辽宁	0.982	0.938	0.947	无效 drs	0.982	0.989	0.999	无效 drs
	上海	1.001	1.004	1	有效 -	1.002	1.002	1.008	有效 irs
	江苏	0.99	0.989	0.99	无效 drs	0.992	0.99	0.994	无效 drs
	浙江	1	1.001	0.998	有效 irs	1.009	1.007	1.001	有效 irs
	福建	0.998	1.001	0.996	有效 drs	0.994	0.996	0.997	无效 drs
	山东	1	1.001	0.99	有效 drs	1.003	1.003	1.003	有效 irs
	广东	1	1.005	0.994	有效 drs	1	1.005	1.009	有效 irs
	海南	0.999	1	0.997	有效 drs	1.009	1.001	1	有效 irs

续表

区域		第一次评价				第二次评价			
		（TE）	（PTE）	（SE）	有效性	（TE）	（PTE）	（SE）	有效性
中部地区	山西	0.92	0.943	0.97	无效 drs	0.974	0.986	0.937	无效 drs
	吉林	0.958	0.963	0.97	无效 drs	0.966	0.989	0.985	无效 drs
	黑龙江	0.965	0.949	0.998	无效 irs	0.994	0.984	0.991	无效 -
	安徽	0.948	0.92	0.954	无效 drs	0.971	0.959	0.965	无效 drs
	江西	0.956	0.937	0.946	无效 drs	0.962	0.983	0.988	无效 drs
	河南	0.941	0.918	0.997	无效 drs	0.991	0.995	0.997	无效 irs
	湖北	0.932	0.964	0.951	无效 drs	1.002	1.004	1.004	无效 drs
	湖南	0.952	0.883	0.95	无效 drs	0.966	0.96	0.967	无效 drs
西部地区	内蒙古	0.944	0.92	0.939	无效 drs	0.978	0.991	0.966	无效 drs
	广西	0.983	0.902	0.939	无效 drs	0.987	0.968	0.987	无效 drs
	重庆	0.995	1.004	1	有效 -	1.007	1.002	1.002	有效 irs
	四川	0.944	0.934	0.924	无效 drs	0.976	0.955	0.975	无效 drs
	贵州	0.939	0.889	0.898	无效 drs	0.956	0.953	0.984	无效 drs
	云南	0.91	0.884	0.899	无效 drs	0.959	0.968	0.977	无效 drs
	陕西	1	0.996	0.995	无效 drs	1.009	1.005	1.005	有效 irs
	甘肃	0.847	0.867	0.859	无效 drs	0.937	0.953	0.962	无效 drs
	青海	0.864	0.861	0.864	无效 drs	0.919	0.941	0.951	无效 drs
	宁夏	0.878	0.848	0.883	无效 drs	0.932	0.939	0.991	无效 drs
	新疆	0.88	0.859	0.871	无效 drs	1.005	1.001	1.003	有效 irs

注：表中 drs、 - 、irs 分别表示投入规模收益递减、不变、递增。

第一，依据实证结果，私营企业分地区固定资产投资效率第一次实证分析结果中：东部地区综合效率平均值为 0.997，纯技术效率平均值为 0.996，规模效率平均值为 0.994；中部地区综合效率平均值为 0.947，纯技术效率平均值为 0.935，规模效率平均值为 0.967；西部地区综合效率平均值为 0.926，纯技术效率平均值为 0.906，规模效率平均值为 0.916。私营企业分地区固定资产投资第二次实证分析结果中：东部地区综合效率平均值为 0.997，纯技术效率平均值为 1.000，规模效率平均值为 0.996；中部地区综合效率平均值为 0.977，纯技术效率平均值为 0.980，规模效率平均值为 0.977；西部地区综合效率平均值为 0.968，纯技术效率平均值为 0.970，规模效率平均值为 0.989。

第二，私营公司分地区固定资产投资综合效率第一次评估结果中，综合效率大于或等于 1 的省份只有 7 个，分别为北京、河北、上海、浙江、山东、广东、陕西。纯技术效率大于 1 的省份有江苏、浙江、福建、北京、天津、河北、上海、山东、广东、海南等，说明私营企业固定资产投资在这些省份技术有效。从规模效率的数值来看，规模效率大于 1 的省份有 3 个，规模效率值为 1 的省份有 2 个。

第三，从规模报酬看，私营企业固定资产投资规模报酬递增的省份有 3 个，分别是北京、天津、河北等，这些地区需要继续追加固定资产投资。规模报酬递减的省份主要有、浙江、天津、广东、海南、黑龙江、河南、陕西、辽宁、江苏、山东、山西、吉林、安徽、江西、内蒙古、广西、四川、贵州、云南、甘肃、青海、宁夏、新疆等。规模报酬不变的省份是上海和重庆。

三阶段 DEA 模型，第一阶段为没有去除随机误差项与外部环境的影响，第二次评估结果为三阶段 DEA 模型的第三阶段实证分析结果。对比私营企业固定资产投资两次评估结果可以看出：东部地区综合效率平均值提高 0.003，纯技术效率提高 0.004，规模效率平均值提高 0.008；中部地区综合效率提高 0.032，纯技术效率提高 0.048，规模效率提高 0.012；西部地区综合效率提高 0.044，纯技术效率提高 0.065，规模效率提高 0.067。对比发现，私营企业固定资产投资受到环境因素和随机误差项的影响最大，对区域内部差异程度整体效率低估程度比较大。第二次评估结果私营企业固定资产投资效率综合效率大于 1 的省份由 7 个增加到 12 个，纯技术效率大于 1 的省份由 10 个增加为 12 个，私营企业固定资产投资规模报酬递增的行业由 3 个增加为 11 个，规模报酬不变的行业由 2 个减少为 1 个。

第六章　固定资产投资效率的
影响因素分析

前面主要分析了不同投资主体固定资产投资的发展历程以及投资效率，本章主要考察固定资产投资效率的影响因素。因为很大程度上，国有企业的投资效率取决于企业获得资金的能力，也就是说固定资产投资要受到融资约束的限制，政府为了鼓励企业投资，往往给予一定的资金补贴、优惠减免等政策扶持，所以本章分两部分进行分析。第一部分，重点考察国有企业和非国有企业对固定资产投资的融资约束，国有企业和非国有企业融资约束对固定资产投资效率的影响。第二部分，着重分析国有企业和非国有企业固定资产投资过程中获得政策扶持的路径选择，以及财政补贴和税收优惠对国有企业和非国有企业固定资产投资效率的影响分析。

第一节　金融约束对国有与非国有企业固定
资产投资效率的影响研究

国有企业与非国有企业在国民经济中地位是不同的，国有企业与非国有企业获取融资的能力是不一样的，不少非国有企业往往因为融资难而不得不面对资金链断裂的危机，为了突破融资难的限制，助推非国有企业融资成本，最终表现于固定资产的投资效率。

鉴于本书研究对象为国有企业与非国有企业投资效率的影响，那么，国有企业是否比非国有企业更容易获得融资？国有企业的投资效率是否更高？本节主要选择我国有代表性的上市公司为研究对象，通过分析其背景，来解读国有企业与非国有企业固定资产投资效率的区别与影响。

一、问题提出与文献综述

固定资产投资具有投入资金大、投资周期长的特点。高的资金投入，不仅依靠企业自有资金，更多的是需要外部融资的能力。根据国家发展和改革委针对规模以上企业的调查显示，有75%强的企业都表示，资金匮乏问题是企业发展中最大的制约因素。对于企业的固定资产投资而言，资金是否充盈不但决定了固定资产投资的形成进度，也可能左右固定资产的投资方向与投资策略，进而影响了企业的固定资产投资效率，融资便利性对提高企业固定资产投资效率无疑会产生较大的积极意义。故分析企业获得银行贷款支持从而产生的金融便利性对企业绩效的影响有十分现实的意义。

董竹和柳明花（2013）通过研究指出，企业经营中，银行信贷是不可或缺的变量，银行信贷对企业绩效高低存在显著影响，这种影响可以从社会关系网融资的角度来理解，即企业管理层可以借助自身的人际关系网，从社会关系渠道获取银行的贷款支持，以此使企业的短期和长期负债率获得提升，进而为企业进一步的发展和绩效的提升获得资金支撑。

法乔（Faccio，2006）研究表明，企业拥有的政府背景所获得的政府无形或有形支持对企业经营的影响具有世界偏性。米顿和唐纳森（Mitton & Donaldson，2003）通过对马来西亚的上市公司所做的实证分析得出，拥有政府背景的管理层能够让企业享受到更多税率优惠，并且在获取银行融资贷款等方面都更加高效便利。绵和夸瓦（Mian & Khwaja，2005）以巴基斯坦的企业为研究对象，研究指出，企业如果能够与当权政府存在一定的联系，国有银行则会为企业的资金贷款等方面提供各种优惠待遇，而如果企业的管理层中有直接在政府中任职，那么从国有银行中获取的优惠扶持力度会更大。查伦林德等（Charumlind et al.，2006）通过对泰国相关公司的研究中发现，有政治关联的公司更容易以较少的抵押物获取更多的长期贷款。

金融机构对于贷款申请者，无论是何种形式的主体，都会遵循严格的审批流程，避免不良贷款的发生，这是金融机构必须遵循的基本原则。在企业为固定资产投资而申请获得银行贷款时，由于信息不对称等原因，国有企业具有一定的"国有"特征，对国有企业进行固定资产投资中获得银行资金支持会有一定的便利影响，而非国有企业由于传统意识中的"难控制"易导致企业进行固定资产投资过程中贷款被拒问题，往往会有一定的融资约束影响。

国有企业是否比非国有企业更容易获得融资？不同主体企业融资难易是否会影响企业的固定资产投资效率？本节主要选择我国有代表性的上市公司为研究对象，通过分析其背景，来解读融资约束对国有与非国有企业固定资产投资效率的区别与影响。

二、模型设定及变量定义

（一）计量模型设定

本书主要采用以下基本模型来分析国有企业与非国有企业的投资效率差异，选取我国 30 个省级单位有代表性上市公司 2004～2015 年度面板数据，筛选样本期内均挂牌的且无数据缺失的样本企业 1068 家，实证分析国有企业和非国有企业投资效率的差别。观察国有企业、非国有企业对固定资产投资效率影响的静态模型，本书设定如下基本模型：

$$z_{it} = \prod{}_0 + \alpha state_{it} + \sum_{j=1}^{k} \gamma X_{it} + \rho_i + v_t + \varepsilon_{it} \qquad (6-1)$$

式（6-1）中，$\prod$ 是待估计的参数矩阵；α、γ 为计量模型待估计参数；ρ_i 为个体效应；Z_{it} 是被解释变量；$state_{it}$ 为企业虚拟变量，如果是国有企业则取值为 1，如果非国有企业则取值为 0；X_{it} 为一系列控制变量。同时考虑到现实经济运行过程中，固定资产投资很大程度上存在惯性，如可能存在配置惯性，即所谓投资的"滞后效应"。另外，固定资产投资的企业属性也和控制变量之间存在交互影响，所以本书在计量模型中加入交互项，构造如下动态扩展计量模型：

$$Z_{it} = \prod{}_0 + \sigma Z_{it-1} + \alpha state_{it} + \sum_{j=1}^{k} \gamma X_{it} + \beta state_{it} \cdot X_{it} + \rho_i + v_t + \varepsilon_{it}$$

$$(6-2)$$

（二）变量与数据

1. 数据来源

主要考虑国有企业和非国有企业投资效率的差别，本书选取 30 个省份有代表性的上市企业，样本区间为 2004～2015 年，共 12 个年度，主要来源于

CSMAR 数据库，为了实证分析的有效性，剔除以下样本：金融类的上市企业、当年 IPO 的企业、ST 类上市公司。所有企业层面的连续变量均缩尾处理（Winsorize）到 2% ~98% 的区间以消除极端值的影响。宏观数据主要来自中国人民银行，其中名义加权利率由一年期贷款基准利率按时间加权计算得出。

2. 变量设定

本书运用 2004~2015 年我国 30 个省份代表性的上市企业检验国有企业和非国有企业固定资产投资效率的影响。变量主要包含三个部分，即被解释变量、核心解释变量、控制变量组，具体变量设计如下：

（1）被解释变量。被解释变量主要包括两个部分：第一部分是企业的融资约束变量，主要包括银行贷款率（$loanr_{it}$）、贷款期限（$loant_{it}$）两个变量，主要考察国有企业与非国有企业固定资产投资融资约束的异同；第二部分是固定资产投资效率变量（$inve_{it}$）变量，主要考察国有企业和非国有企业固定资产投资效率的差异。

（2）核心解释变量，即国有股权变量。本书定义上市公司是否有国有控股作为国有企业的刻画，表示为（$state_{it}$），国有股权变量为虚拟变量，如果上市公司为国有控股企业，则取值为 1，如果为非国有控股企业则取值为 0。

（3）其他控制变量。根据已有文献的研究，本书控制了其他影响固定资产投资效率的系统性因素：①$fine_{it}$ 为金融生态变量，主要考察影响固定资产投资效率的市场环境，本书借鉴孙正（2017）的定义方法，采用樊纲（2011）编著的《中国市场化指数——各地区市场化相对进程报告》中披露的我国 31 个省份的金融业的市场化指数，该指数越大，表明金融业市场化程度越高，金融生态环境越好，2009~2014 年金融生态指数依据其方法计算得来。②企业规模（$size_{it}$）。③盈利能力（$prof_{it}$）。④企业平均资产负债率（$aver_{it}$）。⑤是否为本地支出产业（$pilin_{it}$）。⑥企业的净资产回报率（roe_{it}）。表 6－1 是对被解释变量、核心解释变量、控制变量组的解释。

表 6－1　　　　　　　　　　　主要变量说明

变量名称		变量定义
被解释变量	固定资产投资效率（$inve_{it}$）	主要依据企业固定资产投入及产出，并结合企业的利润率计算
	银行贷款率（$loanr_{it}$）	各上市公司（短期贷款 + 长期贷款）/总资产
	贷款期限（$loant_{it}$）	各上市公司长期贷款占总贷款的百分比

续表

变量名称		变量定义
核心解释变量	是否为国有企业（$state_{it}$）	如果上市公司为国有控股则取值为 1，反之取值为 0
控制变量	金融生态（$fine_{it}$）	2009 年之前来自樊纲《中国市场化指数》，2009 ~ 2014 年作者整理
	企业规模（$size_{it}$）	各上市公司总资产的自然对数值
	盈利能力（$prof_{it}$）	息税前利润/总资产
	企业平均资产负债率（$aver_{it}$）	总负债/总资产
	是否为本地支出产业（$pilin_{it}$）	如果为本地支出产业，取值为 1；反之，取值为 0
	企业的净资产回报率（roe_{it}）	企业的净资产回报率

注：变量为作者定义。

表 6 - 2 是对各个变量进行描述性统计的结果。为了尽可能消除异方差，本书按照表 6 - 1 中的要求对变量进行了处理，包括被解释变量、核心解释变量、控制变量的样本数、均值、标准差、最小值、最大值。通过变量的统计性分析结果可以看出，长期贷款所占比重为 12.13%，国有企业所占比重为 13.6%，企业的平均资产负债率为 47.29%，30 个省级单位中，上市公司支柱产业所占比重为 32.75%。

表 6 – 2   **主要变量的描述性统计**

变量名	样本数	均值	标准差	最小值	最大值
$inve_{it}$	832	0.09308	0.03112	0	0.19456
$loanr_{it}$	832	0.2341	0.1526	0.0170	0.7427
$loant_{it}$	832	0.1213	0.1853	0.0030	0.9564
$state_{it}$	832	0.136	0.2199	0	1.0000
$fine_{it}$	832	0.2217	0.1311	− 0.2587	0.9124
$size_{it}$	832	22.335	0.9567	17.9261	23.738
$prof_{it}$	832	0.0471	0.0071	− 0.4370	0.8152
$aver_{it}$	832	0.4729	0.1825	0.0202	0.8871
$pilin_{it}$	832	0.3275	0.4123	0	1.0000
roe_{it}	832	0.0313	0.4267	− 0.1764	0.6016

资料来源：依据 CSMAR 数据库相关数据整理而得。

三、计量结果与分析

鉴于控制变量组包含企业规模、盈利能力、资产负债率等变量，相互之间的线性关系可能会带来计量检验结果的偏误，为了克服实证分析中普遍存在的内生性的不利影响，克服估计系数的有偏性，得到一致的估计量，在样本容量不大的前提下，本书考虑运用广义矩估计，可以降低估计系数的有偏性。鉴于此，本书采用系统 GMM 分析国有企业或非国有企业对企业投资来源以及投资效率的影响。最后，为了避免异方差的出现，对所有变量均进行了相关处理。

（一）国有企业与非国有企业投资来源分析

表 6 - 3 报告了国有企业或非国有企业对融资约束影响的实证分析，方程（1）、方程（2）、方程（3）被解释变量为银行贷款比率，方程（4）、方程（5）、方程（6）被解释变量为贷款期限。结果表明，无论是核心解释变量，即国有企业虚拟变量，还是金融生态、企业的净资产回报率、企业规模、盈利能力、企业平均资产负债率以及支柱产业虚拟变量，均与银行贷款比率、贷款期限两个变量显著相关。其中，企业平均资产负债率与盈利能力两个变量对贷款比率、贷款期限具有负向的影响，金融生态、企业资产回报率、企业规模以及支柱产业虚拟变量对企业获取贷款能力、贷款期限具有正向的影响。回归方程（1）中，滞后一期的企业贷款能力变量系数显著为正，说明企业贷款能力具有很强的自我修复能力。如果企业为国有企业，则其获取贷款的能力会提高 0.09 个百分点；金融生态每改善 1%，那么企业贷款能力也会提高 0.07 个百分点；企业净资产回报率每提高 1%，企业贷款能力也会提高 0.03 个百分点。企业的盈利能力每提高 1 个百分点，会使企业获取贷款的能力下降 0.02 个百分点。企业平均资产负债率的提高也不利于企业获取贷款，其资产负债率每提高 1%，其获取贷款能力下降 0.09 个百分点。另外，无论是否为国有企业，只要为本地支柱产业，其获取贷款的能力提高 0.08 个百分点。

回归方程（2）中，滞后一期的企业贷款期限变量系数显著为正，说明企业贷款期限变量具有很强的自我修复能力。如果企业为国有企业，则其获取贷款的期限会提高 0.08 个百分点；企业净资产回报率每提高 1%，企业贷

表6－3　　　国有企业与非国有企业对企业固定投资获取能力的影响

解释变量	被解释变量					
	银行贷款率（$loanr_{it}$）			贷款期限（$loant_{it}$）		
	（1）	（2）	（3）	（4）	（5）	（6）
L. $loanr$ 或 L. $loant$	0.0133 *** (6.46)	0.0152 *** (4.63)	0.0147 *** (3.49)	0.0225 *** (6.77)	0.0216 *** (3.01)	0.0273 ** (3.01)
$state$	0.0987 *** (6.33)	0.0885 *** (4.93)	0.901 *** (3.28)	0.0707 *** (6.90)	0.0979 *** (3.49)	0.0791 ** (3.01)
$fine$	0.0713 *** (4.94)	0.0729 *** (4.90)	0.739 *** (3.48)	0.0692 ** (2.52)	0.0619 *** (5.85)	0.0654 *** (3.63)
$size$	0.0682 * (2.05)	0.0659 ** (2.84)	0.0659 * (1.97)	0.0782 *** (4.58)	0.0793 *** (7.69)	0.0762 *** (5.83)
$prof$	− 0.0192 *** (−8.74)	− 0.0137 *** (−3.73)	− 0.0187 *** (−5.47)	0.0151 *** (3.85)	0.0149 *** (5.69)	0.0169 *** (5.74)
$aver$	− 0.0891 ** (−2.28)	− 0.0685 * (−2.47)	− 0.605 *** (−3.58)	− 0.0576 (−0.38)	− 0.0559 *** (−7.47)	− 0.0625 *** (−7.57)
$pilin$	0.087 (1.92)	0.198 * (2.14)			0.0875 * (2.74)	0.0859 * (2.69)
roe	0.0297 *** (5.92)					0.0962 *** (4.71)
$state. fine$	− 0.3181 *** (−5.35)	− 0.3005 *** (−5.41)	− 0.3077 *** (−4.72)	− 0.3275 *** (−5.00)	− 0.2898 *** (−4.29)	− 0.3149 *** (−5.07)
$state. size$	0.08956 ** (3.12)	0.0696 * (2.44)	0.0659 * (2.26)	0.0537 ** (2.78)	0.0974 ** (2.82)	0.0606 * (2.57)
$state. prof$	0.0313 ** (3.27)	0.0749 *** (3.53)	0.0274 *** (3.48)	0.0261 ** (3.23)	0.0242 ** (3.23)	0.0127 ** (2.73)
$state. aver$	− 0.0273 ** (−3.03)	− 0.0662 ** (−3.18)	− 0.0378 * (−2.18)	− 0.0866 *** (−3.43)	− 0.0637 ** (−3.18)	− 0.0789 *** (−3.37)
$state. pilin$	0.0334 *** (9.58)	0.0337 *** (9.36)	0.0348 *** (9.70)	0.0415 *** (9.84)	0.0233 *** (9.72)	0.0334 *** (9.53)
$state. roe$	0.0834 ** (2.74)	0.0717 * (2.34)	0.0668 * (2.17)	0.1209 ** (3.37)	− 0.0860 (−1.09)	0.1564 ** (3.21)

续表

解释变量	被解释变量					
	银行贷款率（ $loanr_{it}$ ）			贷款期限（ $loant_{it}$ ）		
	（1）	（2）	（3）	（4）	（5）	（6）
_cons	- 1.862 *** (- 4.12)	0.663 ** (3.17)	- 1.646 *** (- 4.43)	- 0.973 * (- 2.40)	- 1.151 ** (- 3.04)	- 0.733 * (- 2.06)
χ^2	881 ***	750 ***	816 ***	771 ***	718 ***	802 ***
R^2	0.4013	0.3718	0.2830	0.3027	0.3274	0.2384
地区、时间	控制	控制	控制	控制	控制	控制
N	832	832	832	832	832	832

注：***、**、* 分别表示在 1%、5%、10% 的显著水平下显著，括号中的数字为 T 统计量。

款期限会延长 0.09 个百分点；金融生态每改善 1%，那么企业贷款期限也会延长 0.09 个百分点；企业的盈利能力每提高一个百分点，会使企业获取贷款的期限延长 0.02 个百分点；企业平均资产负债率的提高也不利于企业获取长期贷款，其资产负债率每提高 1%，会使企业获取长期贷款的能力下降 0.06 个百分点。此外，无论是否为国有企业，只要为本地支柱产业，其获取长期贷款的能力会提高 0.09 个百分点。综合上述分析可以看出，对企业贷款能力具有正向影响的变量中，是否为国有企业对企业获取贷款的能力最大，金融生态、企业规模、是否为支柱产业对企业的贷款能力影响次之，企业的净资产回报率的正向影响最小；具有负向影响的变量中，企业资产负债率最不利于企业获取贷款。对企业贷款期限影响的变量中，企业净资产回报率对于企业长期贷款的获取影响最大，是否为国有企业、企业规模以及是否为本地支柱企业影响次之，金融生态的影响最小。

鉴于国有企业与非国有企业与影响企业贷款能力的其他变量存在着相关关系，本书继续考察国有企业虚拟变量与其他变量之间的交互项对企业贷款能力与贷款期限的影响，表 6-3 还报告了交互项的实证分析结果。研究结果表明，国有企业虚拟变量强化了企业规模、企业盈利能力、企业的净资产回报率、支柱企业虚拟变量 4 个变量对企业贷款能力、贷款期限的影响，弱化了金融生态、平均资产回报率两个变量对贷款能力、贷款期限的影响。其中，对企业规模、企业资产回报率两个变量的正向强化作用比较大，对盈利能力以及支柱产业两个变量的强化作用比较小；对金融生态与企业平均资产负债率两个变量的弱化能力相对较小。国有企业对企业贷款能力以及长期贷款获取能力的提高，主要是由于地方性的国有企业和当地的政府部门以及银行等金融机构存在着千丝万缕的联系，使国有企业在获取贷款特别是长期贷款方面存在着天然的优势。企业规模越大，企业的盈利能力越强，说明企业的实力越雄厚，可用于抵押的资产规模也就越大，银行对其贷款的风险也就越小，企业也更容易从这笔贷款中获取收益，从而也就越容易获取贷款，也越容易获取长期贷款。企业平均资产负债率比较高，说明企业的负债相对于资产规模过大，在未来的经营中存在着资不抵债的风险，企业用于抵押的优良资产不多，从而获取贷款特别是长期贷款的能力较差。另外，金融生态的改善，也就意味着经济大环境的改善，经济处于周期的繁荣阶段，这时候整体经济体的系统性风险比较小，从而无论是国有企业还是非国有企业都相对容易获取贷款。

（二）国有企业和非国有企业资金约束的投资效率分析

表 6 - 4 报告了国有企业或非国有企业固定资产投资效率的实证分析，方程（1）～方程（5）被解释变量为固定资产投资的效率。研究结果表明，无论是核心解释变量，即国有企业虚拟变量，还是金融生态、企业的净资产回报率、企业规模、盈利能力、企业平均资产负债率以及支柱产业虚拟变量，均与固定资产投资效率变量显著相关。其中，国有企业虚拟变量、企业平均资产负债率对固定资产投资效率具有负向影响。盈利能力、资产回报率、金融生态以及支柱产业等 4 个变量对企业的投资效率具有正向影响。

表 6 - 4   国有企业与非国有企业对企业固定投资效率的影响

解释变量	被解释变量：投资效率（$inve_{it}$）					
	（1）	（2）	（3）	（4）	（5）	（6）
L. $inve$	0.0560 *	0.0646 *	0.0532 *	0.0627 *	0.0466 **	0.4515
	(2.38)	(2.57)	(2.27)	(2.57)	(3.09)	(1.39)
$state$	- 0.1491 ***	- 0.1462 ***	- 0.1444 ***	- 0.1376 ***	- 0.1442 ***	- 0.1431 ***
	- 4.03	- 3.95	- 4.29	- 3.89	- 4.07	- 4.08
$fine$	1.466 ***	1.543 ***	1.456 ***	1.875 ***	1.745 ***	1.571 ***
	5.50	6.14	5.85	5.57	5.64	5.58
$size$	0.457 *	0.642	0.659	0.485 *	0.596	
	2.65	1.52	1.66	2.63	1.76	

续表

解释变量	被解释变量：投资效率（$inve_{it}$）					
	（1）	（2）	（3）	（4）	（5）	（6）
prof	0.0494 **	0.0694 ***	0.0161	0.0334 *		
	2.67	4.92	(1.69)	2.36		
aver	− 0.0862 ***	− 0.0891 ***	− 0.0735 ***			
	− 5.67	− 5.37	− 5.98			
pilin	0.0842 ***	0.0830 ***				
	6.97	5.87				
roe	0.323 ***					
	10.09					
state.fine	− 0.458 ***	− 0.379 ***	− 0.450 ***	− 0.334 ***	− 0.486 ***	− 0.455 ***
	− 3.52	− 3.59	− 4.54	− 3.656	− 3.91	− 4.54
state.size	− 1.553 ***	− 0.454 ***	− 0.765 **	− 0.745 ***	− 0.846 ***	− 0.964 ***
	(− 5.68)	− 3.45	(− 3.25)	(− 4.43)	(− 3.63)	(− 3.07)
state.prof	− 0.455 ***	− 0.367 ***	− 0.451 ***	− 0.319 ***	− 0.437 ***	− 0.461 ***
	− 3.46	− 3.47	− 4.06	− 3.51	− 3.96	− 4.71
state.aver	− 0.0667 *	− 0.0716 **	− 0.0366	− 0.0367	0.0294	− 0.0216
	(− 2.56)	(− 3.00)	(− 1.36)	(− 1.62)	− 1.16	(− 1.54)
state.pilin	− 0.0568 *	− 0.0670 *	− 0.0498 *	− 0.0675 ***	− 0.0675	− 0.0667 ***
	− 2.64	− 2.23	− 2.09	− 8.64	(− 0.01)	− 4.37
state.roe	0.0869 *	0.0969 *	0.0129	0.0797 *	0.107 **	0.0465 ***
	2.65	2.59	0.31	2.19	3.51	5.37
_cons	− 1.361 ***	− 1.283 ***	− 1.339 ***	− 1.193 ***	− 1.366 ***	− 1.670 ***
	(− 4.19)	(− 4.37)	(− 4.19)	(− 4.94)	(− 4.69)	(− 4.92)
χ^2	795 ***	463 ***	949 ***	635 ***	674 ***	792 ***
R^2	0.3467	0.2094	0.3071	0.3191 *	0.2119	0.2319
地区、时间	控制	控制	控制	控制	控制	控制
N	832	832	832	832	832	832

注：***、**、*分别表示在显著水平为 1%、5%、10% 下变量显著，括号中的数字为 T 统计量。

回归方程（1）中，如果企业为国有企业，固定资产投资每提高 1 个百分点，投资效率会下降 0.15 个百分点；企业的平均资产负债率每提高 1 个百分点，固定资产投资效率会下降 0.08 个百分点。无论是国有企业，还是非国有企业，金融生态每提高 1 个百分点，固定资产投资效率会提高 1.466 个百分点；企业的盈利能力每提高 1 个百分点，固定资产投资效率提高 0.05 个百分点；企业规模每提高 1 个百分点，固定资产投资效率提高 0.45 个百分点。如果企业为当地支柱产业，那么固定资产投资效率会提高 0.08 个百分点；资产回报率每提高 1 个百分点，企业固定资产投资效率会提高 0.32 个百分点。从系数大小来看，金融生态、支柱产业两个变量对固定资产投资效率的正向影响最大，企业规模、资产回报率的正向影响程度相对较小。国有企业对企业固定资产投资效率的负向影响较大，平均资产负债率对企业投资负向影响比较小。

同样，国有企业变量与其他控制变量之间存在着复杂的内在逻辑，本书继续考察国有企业和其他控制变量之间的逻辑关系，也就是交互项对固定资产投资效率的影响。表 6 - 4 继续报告了固定资产投资效率的实证分析结果。研究结果表明，国有企业虚拟变量弱化了企业规模、盈利能力、企业平均资产负债率、金融生态以及支柱产业五个变量对固定资产投资效率的影响，但强化了企业投资回报率对固定资产投资效率的影响。其中，对金融生态、盈利能力、企业规模三个变量的强化作用比较大，对支柱产业强化作用最弱。国有企业对其他控制变量影响固定资产投资效率的弱化，可能的解释为国有企业在固定资产投资的过程中，在政绩观的主导下，过分强调投资项目的建设效率。国有企业出于防范投资风险以及政治关联的原因，缺乏对一些高收益项目投资的冲动，容易丧失良好的投资机会，降低了企业的投资效率。另外，国有企业高管来自政府部门，任期较短，忽视有利于企业长期发展的投资机会或项目，也在一定程度上降低固定资产投资效率。金融生态的改善，也就是说随着市场化程度的深入，良好的金融生态环境有利于信贷资金配置效率的提高，促进经济发展，有助于固定资产效率的提高，最终带来投资收益的增加。

四、稳健性检验

通过单一面板数据进行计量检验可能会存在潜在的误差，无法有效体现实证结果的稳健性。本书借鉴褚玉春、刘建平（2009）的做法，运用一阶差分 GMM 模型（动态矩阵分析法）对表 6 - 2 的差分形式重新进行了估计。除

了 $fine_{it}$ 、 $pilin_{it}$ 两个变量不适合取差分外，其他变量和被解释变量 $inve_{it}$ 都取差分形式，差分形式估计结果如表 6 - 5 所示。结果表明，在 10% 水平下，所有通过显著性检验的解释变量系数符号均与前面计量检验结果保持一致，说明本书实证检验的结论十分稳健。

表 6 - 5   稳健性检验

解释变量	被解释变量 （D. inve）				
	（1）	（2）	（3）	（4）	（5）
state	0. 0146 ***	0. 0364 ***	0. 0231 ***	0. 0564 ***	0. 0591 ***
	(5. 64)	(4. 46)	(3. 91)	(5. 49)	(5. 82)
fine	− 0. 0661 ***	− 0. 0116 ***	− 0. 271 ***	− 0. 193 ***	− 0. 176 ***
	(− 4. 19)	(− 6. 46)	(− 7. 37)	(− 4. 46)	(− 4. 37)
D. size	0. 0149 **	0. 0637 ***	0. 119 *	0. 0549 *	0. 0379 *
	(2. 19)	(6. 37)	(2. 49)	(2. 37)	(2. 81)
D. prof	− 0. 0191 ***	− 0. 0372 ***	− 0. 0497 *		− 0. 0370 *
	(− 3. 64)	(− 8. 57)	(− 2. 49)		(− 2. 83)
D. aver	− 0. 0219 **	− 0. 0137 ***	− 0. 0977 **	− 0. 0313 *	
	(− 2. 37)	(− 5. 64)	(− 2. 60)	(− 2. 55)	
pilin	− 0. 0246 *	− 0. 0367 *		− 0. 0219 **	− 0. 0237 **
	(− 1. 61)	(− 2. 45)		(− 2. 76)	(− 2. 71)
D. roe	0. 0297 *		0. 490 *	0. 0080 *	0. 0373 *
	(2. 55)		(2. 34)	(2. 84)	(2. 36)
_cons	− 1. 489 **	1. 198 ***	− 1. 094 **	− 0. 649 **	− 0. 947 **
	(− 2. 76)	(5. 96)	(− 2. 195)	(− 2. 071)	(− 2. 349)
χ^2	349 ***	574 ***	654 ***	495 ***	679 ***
R^2	0. 3634	0. 3574	0. 3964	0. 3457	0. 3341
地区、时间	控制	控制	控制	控制	控制
N	832	832	832	832	832

注：*** 、 ** 、 * 分别表示在显著水平为 1% 、5% 、10% 下变量显著，括号中数字为 T 统计量。

通过对固定资产投资的来源分析，可以看出，无论是核心解释变量——国有企业虚拟变量，还是金融生态、企业的净资产回报率、企业规模、盈利能力、企业平均资产负债率以及支柱产业虚拟变量，均与银行贷款比率、贷款期限两个变量显著相关。其中，企业平均资产负债率与盈利能力两个变量对贷款比率、贷款期限具有负向的影响，金融生态、企业资产回报率、企业规模以及支柱产业虚拟变量对企业获取贷款能力、贷款期限具有正向的影响。对于国有企业和非国有企业固定资产投资效率的分析结果可以看出，无论是核心解释变量——国有企业虚拟变量，还是金融生态、企业的净资产回报率、企业规模、盈利能力、企业平均资产负债率以及支柱产业虚拟变量，均与固定资产投资效率变量显著相关。其中，国有企业虚拟变量、企业平均资产负债率对固定资产投资效率具有负向影响，盈利能力、资产回报率金融生态以及支柱产业等4个变量对企业的投资效率具有正向影响。

第二节　政策扶持对国有与非国有企业固定资产投资效率的影响研究

一、问题提出与文献综述

科斯（Coase，1998）认为制度是决定经济活动效率的主要因素之一。具体来说，一定时期内的投资管理制度及其变迁会显著影响市场主体的行为选择并最终作用于投资效率。固定资产投资在一定程度上具有弱流动性、高风险性和部分固定资产投资弱公共性的特征，市场有效性不足和资金不足等问题会在一定程度上对企业固定资产投资的效率产生不利影响，因此需要政府作为"第三方"发挥积极主动的调节作用，对企业固定资产投资面临的"市场失灵"问题进行矫正。

自2008年世界经济金融危机以来，放任的市场经济策略不断得到质疑，产业政策再次得到重视，但是，当前业界和学术界对产业扶持政策的实施效果有不同的认识。一种观点认为，政府的产业扶持政策会使地方政府和企业投资结构趋同、竞争加剧，导致产能过剩、投资效率低下。耿强等（2011）发现，政策性补贴是影响产能利用率最为主要的因素。王文甫等（2014）从财政支出视角的研究表明，地方政府干预虽然促进产量的增加，却导致了非周期性的产能过剩。

另一种观点认为，产业扶持政策对于产业转型升级及行业经济增长产生了积极效果。黎文靖和李耀淘（2014）研究结果表明，扶持政策提高了企业的投资规模；赵卿（2016）研究表明扶持政策改善了公司经营业绩，论证了政府的产业激励政策的有效性。

现有研究对产业扶持政策问题进行了一定剖析、阐释，对于调整完善扶持政策具有重要意义，但现有分析多数基于产业政策对企业绩效或产能过剩的影响，较少涉及产业扶持政策对固定资产投资的引导效果及影响效应，而且大部分的研究并未考虑企业投资主体不同对获得政策扶持的广度及深度可能有差异所造成的政策扶持影响的异质性。本书认为，政策制度在一定程度上影响着长期经济绩效，作为国家固定资产投资制度中一个重要组成部分，固定资产投资扶持政策的应用将对企业固定资产投资效率产生较大影响。本书尝试从政策扶持角度构建企业固定资产投资效率决定的政策扶持作用机理模型。结合我国的固定资产投资政策扶持背景，通过实证考察不同投资主体固定资产投资政策扶持的影响作用。

目前较为常用的"市场失灵"矫正的政府政策措施主要包括资金支持、技术供给、人才培养、公共服务等，其中资金支持主要的形式有政策性补贴、税收优惠、信贷支持等。本节主要对政策性补贴、税收优惠这两项应用占比最大的政策扶持策略进行论述。政策性补贴主要指政府对企业固定资产投资进行直接财力支持的行为，相较于直接的政策性补贴，税收优惠作为政策扶持的另一个分支，可以被看作是一种"市场化"行为，作为直接补贴的补充与延伸，我国从增值税、企业所得税、营业税、关税等多个方面对特定的固定资产投资收益实行税收优惠政策。本书采用层次面板回归模型，实证检验资金支持政策中的政策性补贴和税收优惠两种形式的作用效应差异，并从政策扶持的视角解读国有与非国有投资主体固定资产投资效率的影响机理，从而为提高企业固定资产投资效率和全面客观评价财政政策的扶持绩效作出一定的理论和实证贡献。

二、模型及变量定义

（一）计量模型

钱爱民等（2015）的研究表明，地方政府基于社会和谐稳定的需要，可能会给国有企业追加更多的社会责任，为减小国有企业的生存压力，政府有动机对国有企业的投资发展给予更多关注。因此，在受到政策扶持的企业中，国有企业可能得到更多的财政补贴与税收优惠。另外，产业政策对企业固定资产投资规划具有一定的引导效应，地方政府在产业政策制定过程中，会参照中央政府的中长期规划制定当地的"五年规划"，并规划当地重点发展的行业，这些行业往往是国家鼓励发展的新兴行业或高技术行业，规划完成情况是评价地方政府政绩的主要考核指标，因此，基于出政绩的目的，地方政府会将更多的财政扶持资源倾斜于政策支持的行业。因此，本书首先在考察企业主体性质对获得政策扶持力度的影响时，引入了是否为国家政策支持的产业作为调节变量，构造了如下静态模型：

$$U_{it} = \prod_0 + \alpha state_{it} + \beta state \times poli_{it} + \phi poli_{it} + \sum_{j=1}^{k} \gamma X_{it} + \rho_i + v_t + \varepsilon_{it}$$

$$(6-3)$$

式（6-3）中，$\prod$ 是待估计的参数矩阵；i 代表样本公司；t 代表年度数据；α、β、γ 为计量模型待估计参数；ρ_i 为个体效应，捕捉某个公司不随年度变化的地区固定效应；U_{it} 是被解释变量（政策性补贴及税收优惠）；$state_{it}$ 为企业虚拟变量，如果是国有企业则取值为1，如果非国有企业则取值为0；$poli_{it}$ 为是否产业政策支持的新兴行业虚拟变量，公司所在行业属于国家"十三五"规划支持行业，取值为1，反之，取值为0；X_{it} 为一系列控制变量；v_{it} 为时间效应，捕捉某个年份不随企业样本变化的时间固定效应；ε_{it} 是残差项，服从期望为0，协方差为 Ω 的独立同分布。

为了进一步观察政策性补贴及税收优惠等固定资产投资扶持政策对不同投资主体固定资产投资效率的影响机理，考虑到固定资产投资的主体属性也和扶持政策之间可能存在交互影响，所以本书在计量模型中加入交互项。另外，由于固定资产投资是一种事前行为，当期固定资产投资的规模以及效率值很大程度上依赖于上一期的固定资产投资。同时考虑到现实经济运行过程中，固定资产投资很大程度上存在惯性，固定资产投资可能存在配置惯性，即所谓投资的"滞后效应"，所以，本书构造了如下动态扩展计量模型：

$$Z_{it} = \prod_0 + \sigma Z_{it-1} + \alpha state_{it} + \delta U + \varphi U \times stste + \sum_{j=1}^{k} \gamma X_{it} + \rho_i + v_t + \varepsilon_{it}$$

$$(6-4)$$

（二）变量与数据

1. 数据来源

本节数据与上节数据样本选取原则一致，仍然选取 30 个省份有代表性的上市企业，样本区间为 2004～2015 年，共 12 个年度，主要来源于 CS-MAR 数据库。为了实证分析的有效性，剔除以下样本：金融类的上市企业、当年 IPO 的企业、ST 类上市公司。所有企业层面的连续变量均缩尾处理（Winsorize）到 2%～98% 的区间以消除极端值的影响。宏观数据主要来自中国人民银行，其中名义加权利率由一年期贷款基准利率按时间加权计算得出。

2. 变量设定

本书运用 2004～2015 年我国 30 个省份的代表性的上市企业检验国有企业和非国有企业固定资产投资效率的影响。变量主要包含三个部分，即被解释变量、核心解释变量、控制变量组，具体变量设计如下：

（1）被解释变量。被解释变量主要包括两个部分：第一部分是企业的政策扶持变量，主要包括政策性补贴（$subs_{it}$）、税收优惠（$taxp_{it}$）两个变量，主要考察国有企业与非国有企业固定资产投资获得政策扶持力度的异同。第二部分是固定资产投资效率变量（$inve_{it}$）变量，主要考察企业获得的政策扶持对国有企业和非国有企业固定资产投资效率的影响差异。

（2）核心解释变量，即国有股权变量。本书定义上市公司是否有国有控股作为国有企业的刻画，表示为（$state_{it}$），国有股权变量为虚拟变量，如果上市公司为国有控股企业，则取值为 1，如果为非国有控股企业则取值为 0。

（3）调节变量，即新兴行业变量。本书定义上市公司所在行业是否属于国家"十三五"规划支持的新兴行业或高技术行业，表示为（$poli_{it}$），如果为产业政策支持则取值为 1，反之取值为 0。

（4）其他控制变量。根据已有文献的研究，本书控制了其他影响固定资产投资效率的系统性因素：①市场环境（$fine_{it}$）；②企业规模（$size_{it}$）；③盈利能力（$prof_{it}$）；④企业平均资产负债率（$aver_{it}$）；⑤是否为本地支出产业（$pilin_{it}$）；⑥企业的净资产回报率（roe_{it}）。表 6-6 是对被解释变量、核心解释变量、控制变量组的解释。

表 6 - 6   主要变量说明

变量名称	变量定义
固定资产投资效率（$inve_{it}$）	主要依据企业固定资产投入及产出，并结合企业的利润率计算
政策性补贴（$subs_{it}$）	财政补贴金额/固定资产投资总额
税率优惠（$taxp_{it}$）	所得税费用/企业息税前利润总额，数值越低，表明获得税收优惠的力度越大
是否为国有企业（$state_{it}$）	国有控股为1，非国有控股为0
新兴行业（$poli_{it}$）	公司所在行业属于国家"十三五"规划中产业政策支持的行业，取值为1，反之取值为0
市场环境（$fine_{it}$）	2009年之前来自樊纲《中国市场化指数》，2009～2014年作者整理
企业规模（$size_{it}$）	各上市公司总资产的自然对数值
盈利能力（$prof_{it}$）	息税前利润/总资产
企业平均资产负债率（$aver_{it}$）	总负债/总资产
是否为本地支出产业（$pilin_{it}$）	如果为本地支出产业，取值为1，反之，取值为0
企业的净资产回报率（roe_{it}）	企业的净资产回报率

注：变量为作者定义。

对指标进行描述性统计分析可以发现，国有控股企业的财政补贴率均值为0.036，非国有控股企业的财政补贴率均值为0.033，产业政策支持行业的国有控股企业获得财政补贴率均值为0.039，非产业政策支持行业的国有控股企业获得财政补贴率均值为0.028，国有控股企业的财政补贴规模要略高于非国有控股企业的财政补贴率，列入国家"十三五"规划支持行业的企业更易获得财政补贴。国有控股企业的实际税率均值为6.2586，非国有控股企业的实际税率均值为1.8613，产业政策支持行业的国有控股企业的实际税率6.3371，与非产业政策支持行业的国有控股企业的实际税率差别不大，而非国有控股企业中属于产业政策支持行业的企业实际税率明显低于非产业政策支持行业的企业，可见，非国有控股企业获得的税收优惠政策扶持力度更大一些。但不同企业主体性质获得的财政补贴与税收优惠对企业固定资产投资效率的具体影响过程与影响效应还需要进一步进行实证检验。

三、计量结果与分析

(一) 国有企业与非国有企业获得政策扶持路径的分析

本节计量模型的估计方法仍然采用上一节的估计思路。表6-7报告了国有企业或非国有企业对政策扶持路径的实证分析,方程(1)、方程(2)、方程(3)被解释变量为财政补贴率,方程(4)、方程(5)、方程(6)被解释变量为税收优惠。为了降低遗漏变量给回归结果带来的偏差,本书在回归分析中控制了时间、地区固定效应,同时为了消除异方差问题对估计系数显著性的影响,本书的回归结果是经过 White(1980)异方差调整后的 t 统计量。

表6-7 国有企业与非国有企业对企业固定投资获取政策扶持路径的影响

解释变量	被解释变量					
	政策性补贴($subs_{it}$)			实际税率($taxp_{it}$)		
	(1)	(2)	(3)	(4)	(5)	(6)
L. *subs* 或 L. *taxp*	0.00127 ** (6.46)	0.00141 ** (4.63)	0.00134 ** (3.49)	0.0095 ** (2.97)	0.0116 ** (3.21)	0.0093 ** (3.17)
state	0.0027 * (2.13)	0.0024 (1.73)	0.0031 (1.28)	0.0087 *** (3.29)	0.0097 *** (3.26)	0.0083 ** (3.15)
Poli		0.0021 ** (3.12)	0.0019 ** (2.61)		-0.0093 ** (-2.71)	-0.0163 ** (-3.01)
state × poli			-0.0018 ** (2.39)			0.0042 ** (4.22)
fine	0.0013 *** (3.94)	0.0029 *** (4.90)	0.0039 *** (3.48)	0.0772 ** (2.67)	0.0682 *** (4.13)	0.0715 *** (3.34)
size	-0.0082 (-1.05)	-0.0059 (-1.84)	-0.0059 (1.97)	0.00102 ** (3.64)	0.00093 ** (6.52)	0.000862 * (2.83)
prof	0.0094 ** (5.64)	0.0032 ** (3.73)	0.0067 ** (-5.47)	0.0051 *** (4.85)	0.0149 ** (4.69)	0.0169 ** (3.74)
aver	-0.0091 (-1.28)	-0.0085 * (-2.47)	-0.0075 (-1.58)	-0.0576 (-0.38)	-0.0176 ** (-7.47)	-0.0169 ** (-7.57)

续表

解释变量	被解释变量					
	政策性补贴（$subs_{it}$）			实际税率（$taxp_{it}$）		
	（1）	（2）	（3）	（4）	（5）	（6）
$pilin$	0.0087 **	0.0098 *	0081 **	0.00635 *	0.0075 *	0.0059 **
	（2.92）	（2.04）	（2.76）	（1.88）	（1.94）	（2.71）
roe	0.0097 *	0068 *	0.0056	0.0289	0.0320 *	0.0312 *
	（2.72）	（4.12）	（1.81）	（1.27）	（1.93）	（1.71）
$\_cons$	−0.0062	0.0073	−1.646 ***	0.125 *	0.151	0.133 *
	（−1.12）	（1.37）	（−4.43）	（−2.40）	（1.04）	（2.06）
χ^2	881 ***	750 ***	816 ***	771 ***	718 ***	802 ***
R^2	0.3254	0.3918	0.4014	0.3065	0.3328	0.3506
地区、时间	控制	控制	控制	控制	控制	控制
N	832	832	832	832	832	832

注：*** 、** 、* 分别表示在1%、5%、10%的显著水平下变量显著，括号中数字为T统计量。

首先观察各变量对财政补贴的影响。回归方程（1）是固定控制变量及政策延续的影响，重点观察核心解释变量——国有企业虚拟变量对企业获得财政补贴的影响，由结果可知，该变量系数在10%的显著性水平下检验显著，且结果为正，表明国有企业获得的财政补贴显著高于非国有企业，但是引入产业属性后，其结果发生了较大转折。回归方程（2）的分析结果表明，引入调节变量——新型行业变量后，国有企业虚拟变量对企业获得财政补贴的影响系数虽然仍为正，但是在10%的显著性水平下检验不显著，说明固定了企业的产业政策支持属性，国有企业没有表现出比非国有企业获得更多财政补贴的情况。该方程新型行业变量的系数为正，且在5%的显著性水平下检验显著，表明受到国家产业规划支持的新型产业企业能够获得更多的财政补贴。为了考察企业产权属性与产业属性交互效应对企业获得财政补贴的影响，回归方程（3）又引入了国有企业虚拟变量与新兴产业虚拟变量的交互项，该系数在5%显著性水平上显著为负，表明在受到产业政策支持的新兴企业中，国有企业获得的财政补贴比非国有企业要少，其中的原因：一方面，可能是非国有企业中受产业政策支持的新兴及高技术企业数量更多，获得财政补贴强度更大些；另一方面，地方政府为了加大招商引资力度而给予一些高技术的引进企业更多的财政补贴，并不会因为企业的股东性质而给予更多关照。

控制变量的市场环境、盈利能力、支柱产业虚拟变量与财政补贴率显著相关，企业的净资产回报率、企业规模、企业平均资产负债率与财政补贴率变量在10%的显著性水平下影响不显著，企业平均资产负债率与企业规模两个变量对财政补贴率具有负向的影响，市场环境、企业资产回报率以及支柱产业虚拟变量对企业获取财政补贴具有正向的影响。滞后一期的企业财政补贴变量系数显著为正，这说明企业获取财政补贴的能力具有较强的自我复制能力。

接下来观察各变量对税收优惠的影响。回归方程（4）是固定控制变量及政策延续的影响，重点观察核心解释变量——国有企业虚拟变量对企业税收优惠的影响，由结果可知，该变量系数在5%的显著性水平下检验显著，且结果为正，表明国有企业税收实际水平显著高于非国有企业。由于国有企业很多时候承担着某些非经济目标，国有企业的管理规制往往更加透明和规范，在税收规避方面程度较低，使国有企业担负了更多的税收（彭韶兵等，2011），因此，其享受到的税收优惠可能更少。回归方程（5）的分析结果表明，引入调节变量新型行业变量后，核心解释变量——国有企业虚拟变量对企业获得税收优惠的影响系数仍为正，而且在5%的显著性水平下检验显著，该方程新型行业变量的系数为负，且在5%的显著性水平下检验显著，表明受到国家产业规划支持的新型产业企业税收负担更低，享受了更多的税收优惠，国家出台了众多税收优惠政策刺激、吸引企业及个人投资于国家需要发展的重点产业与行业，因此，那些受到国家政策支持的新兴及高技术产业能享受到更多的税收优惠政策。为了考察企业产权属性与产业属性交互效应对企业获得财政补贴的影响，回归方程（6）又引入了国有企业虚拟变量与新兴产业虚拟变量的交互项，该系数在5%显著性水平上显著为负，表明在受到产业政策支持的企业中，国有企业负担的实际税率更高，国有企业享受的税收优惠更少。该回归结果表明，在固定了其他影响税收的因素后，国有企业比非国有企业负担的实际税率高0.0083，受到国家政策重点支持的新兴及高技术产业的税率优惠平均少负担了0.0163，政策重点支持的新兴及高技术行业中，国有企业与非国有企业相比税率水平平均多负担了0.0042。

作为控制变量的市场环境、净资产回报率、平均资产负债率、企业规模、盈利能力、支柱产业虚拟变量均与税收优惠至少在 10% 的水平上显著相关，除企业平均资产负债率与企业税率负相关外，市场环境、净资产回报率、平均资产负债率、企业规模、盈利能力、支柱产业虚拟变量与企业实际税率具有正向的影响。滞后一期的企业税收优惠变量系数显著为正，这说明企业获得的税收优惠待遇具有较强的延续性。

综合上述分析可以看出，没有迹象表明国有企业比非国有企业获得更多财政补贴，但在受到产业政策重点支持的新兴行业中，国有企业获得的财政补贴比非国有企业要少，总体而言，受到国家产业规划支持的新型产业企业能够获得更多的财政补贴。在税收优惠方面，非国有企业的税收优惠明显优于国有企业，那些受到国家政策支持的新兴及高技术产业能享受到更多的税收优惠政策，在受到产业政策支持的企业中，国有企业负担的实际税率更高，获得的税收优惠更少。接下来，本节进一步分析财政补贴、税收优惠等政府扶持政策对国有企业和非国有企业固定资产投资效率的影响。

（二）国有企业与非国有企业政策扶持对固定资产投资效率的影响

前面对投资主体性质不同的国有企业及非国有企业获得财政补贴和税收优惠的差异性进行了分析探讨，下面将重点考察国有企业和非国有企业政策扶持对固定资产投资效率的影响。表 6-8 报告了国有企业和非国有企业固定资产投资效率的实证分析，回归方程（1）、方程（2）是在前一节考虑的解释变量基础上分别增加了财政补贴和税收优惠解释变量，考虑到企业主体性质与财政补贴和税收优惠可能存在的交互效应，回归方程（3）、方程（4）是分别在方程（1）、方程（2）的基础上加入了国有企业与政策扶持变量的交叉项。为了降低遗漏变量给回归结果带来的偏差，本书在回归分析中控制了时间、地区固定效应，同时为了消除异方差问题对估计系数显著性的影响，回归结果是经过 White（1980）异方差调整后的 t 统计量。控制变量金融生态、企业的净资产回报率、企业规模、盈利能力、企业平均资产负债率以及支柱产业虚拟变量与固定资产投资效率变量的影响方向及显著程度与表 6-5 基本一致，本部分不再展开详述，下面主要针对是否为国有企业与财政补贴、税收优惠对企业固定资产投资效率的影响效应进行阐述。

表6-8　　国有企业与非国有企业政策扶持对固定资产投资效率的影响

解释变量	被解释变量：投资效率（$inve_{it}$）			
	（1）	（2）	（3）	（4）
L. $inve$	0.0563*	0.0636*	0.0533*	0.0624*
	（2.28）	（2.51）	（2.25）	（2.57）
$state$	-0.1490***	-0.1542***	-0.1474***	-0.1536***
	（-4.02）	（-3.85）	（-4.26）	（-3.89）
$subs$	1.087		0.824	
	（1.14）		（0.62）	
$taxp$		-0.426**		-0.414**
		（-2.56）		（-2.63）
$state \times subs$			0.232	
			（0.82）	
$state \times taxp$				0.141**
				（3.17）
$fine$	1.465***	1.523***	1.356***	1.775***
	（5.48）	（6.26）	（4.85）	（4.57）
$size$	0.477*	0.632	0.559	0.515*
	（2.45）	（1.62）	（1.68）	（2.63）
$prof$	0.0494**	0.0694***	0.0161	0.0334*
	（2.67）	（4.92）	（1.69）	（2.36）
$aver$	-0.0831***	-0.0892***	-0.0678***	-0.0852***
	（-4.67）	（-5.37）	（-4.98）	（-5.77）
$pilin$	0.0739***	0.0816***	0.0698***	0.0901***
	（3.47）	（5.25）	（6.02）	（4.94）
roe	0.2811***	0.3182***	0.3266***	0.3413***
	（8.09）	（9.45）	（10.34）	（13.06）
$state \times fine$	-0.435***	-0.367***	-0.449***	-0.341***
	-3.51	-3.39	-4.27	-3.25
$state \times size$	-1.538***	-0.492***	-0.771**	-0.782**
	（-5.41）	（-3.45）	（-3.51）	（-4.73）
$state \times prof$	-0.442***	-0.351***	-0.462***	-0.392***
	（-4.51）	（-3.81）	（-4.59）	（-2.67）

续表

解释变量	被解释变量：投资效率（$inve_{it}$）			
	（1）	（2）	（3）	（4）
$state \times aver$	− 0. 0657 * （3. 56）	− 0. 0616 ** （ − 3. 05）	− 0. 0356 （ − 1. 26）	− 0. 0387 （ − 1. 52）
$state \times pilin$	− 0. 0578 * − 2. 74	− 0. 0667 * − 3. 23	− 0. 0472 * − 2. 07	− 0. 0575 *** − 7. 64
$state \times roe$	0. 0872 * 2. 75	0. 0859 * 2. 62	0. 0149 0. 42	0. 0817 * 2. 09
$\_cons$	− 1. 521 *** （ − 3. 19）	− 1. 323 *** （ − 4. 18）	− 1. 519 *** （ − 4. 37）	− 1. 103 *** （ − 3. 64）
χ^2	7782 ***	563 ***	937 ***	537 ***
R^2	0. 3417	0. 4024	0. 3371	0. 4191
地区、时间	控制	控制	控制	控制
N	832	832	832	832

注：*** 、 ** 、 * 分别表示在显著水平为 1%、5%、10% 下变量显著，括号中的数字为 T 统计量。

四个回归方程中，是否为国有企业变量对固定资产投资效率的影响都在 5% 的显著性水平下检验显著，且数值为负，其数值介于 0. 1474 ~ 0. 1542，表明国有企业的固定资产投资效率相对于非国有企业平均低约 0. 15 个百分点，与前一节的计量结论基本一致。由方程（1）、方程（3）可以发现，就财政补贴在固定资产投资过程中的作用看，在 10% 显著性水平上，无论是财政补贴单独引入还是财政补贴与是否国有企业交叉引入，其系数均不显著。可见，不管是国有企业还是非国有企业，财政补贴对投资效率均无显著性影响，也就是说不管投资主体的性质如何，企业因投资获得的财政补贴都不能提升固定资产投资效率。对财政补贴不能改善其投资绩效的原因可能是多方面的：其一，投资企业为获得财政补贴可能会在制定投资方案时投政府所好，从而降低了投入资金的使用效率，造成投资效率不能显著提升；其二，地方政府为打造"明星企业"或上市企业，通常会通过政策补贴的方式对这些企业的固定资产投资给予一定额度的资金支持，投资报酬率往往差强人意；其三，地方政府有时会出于"善意"动机对某些盈余困难的企业以财政补贴的方式出手相助，在这种境况下，财政补贴不但不能帮助企业尽快摆脱困境，可能还会造成企业对财政补贴产生依赖，导致补贴政策失效；争取补贴过程可能发生的寻租行为而形成的寻租成本也会降低企业的投资效率。

由方程（2）、方程（4）的回归结果可知，就税收优惠在固定资产投资过程中的作用看，无论是税收优惠单独引入还是税收优惠与是否国有企业交叉引入，其系数在5%显著性水平上均显著，税收优惠对投资效率存在显著性影响。独立引入的税收优惠变量系数为负，说明在其他变量固定不变的前提下，非国有企业实际税率每下降1个百分点，企业固定资产投资效率收益率则上升0.4个百分点；税收优惠与是否国有企业交叉变量的系数为正，说明国有企业与非国有企业相比，实际税率每下降1个百分点，企业固定资产投资效率收益率则少上升0.14个百分点，表明非国有企业税收优惠程度越高，企业固定资产投资效率改善的程度越好。一方面，可能源于国有企业很多时候承担着某些非经济目标，在税收规避方面程度较低，享受到的税收优惠较少；另一方面，可能是非公有企业更看重税收优惠所带来的投资现金流的增加，因此激励效果要好于国有企业。

四、稳健性检验

主要运用一阶差分 GMM 模型方法对前述计量检验结果进行检验，除了 $fine_{it}$、$pilin_{it}$ 两个解释变量不适合去差分，其他几个变量都作了差分调整，依据计量分析结果（输出结果略）可以看出，变量符号基本与前述计量检验结果一致，说明本书的检验结果非常稳健，具有很强的说服力。

综合上述分析可以看出，不管是国有企业还是非国有企业，财政补贴对投资效率均无显著性影响，也即不管投资主体的性质如何，企业因投资获得的财政补贴都不能提升固定资产投资效率。税收优惠对投资效率存在显著性影响，且这种影响在国有和非国有企业间存在异质性，国有企业与非国有企业相比，在获得相同的税收优惠比例下，企业固定资产投资效率收益率上升的幅度更小，表明非国有企业税收优惠程度越高，企业固定资产投资效率改善的程度越好。

第七章 结 语

　　固定资产投资的主体结构演进与效率提高不仅关系到经济转型与结构调整，而且事关我国走出"中等收入陷阱"，也是我国从中等发展程度国家步入发达国家的重要推动力，在我国经济发展与社会进步中居于核心地位。在将固定资产投资分为公有主体与私有主体的基础上，本书对固定资产投资区域、产业结构演进进行了分析，定量测算了固定资产投资的区域、产业效率。

第一节 主要结论

　　本书主要探讨了三个核心问题，相应的研究结论也分为三部分。第一个议题：我国固定资产主体结构演进及其定量测算，这也是固定资产投资效益研究的基础所在，固定资产投资结构的演进必然影响整体投资效率。第二个议题：我国固定资产投资效率研究，对我国固定资产投资效率从经济效率与配置效率两方面进行测度分析。第三个议题：对固定资产投资效率的影响因素进行深入探讨。

一、固定资产投资主体结构演进

　　通过第三章和第四章多方法、多层次、多维度的实证分析，更好地刻画了固定资产投资结构变化以及固定资产投资主体结构演进，对固定资产投资的趋势变动、行业投资结构进行了定量测算。研究结果表明，不同投资主体在 2006～2014 年固定资产投资效率基本上先下降后上升，固定资产投资效率低谷基本上是在 2008 年、2009 年。固定资产投资效率高低顺序依次是股份有限企业、有限责任企业、国有企业、私营企业。

从固定资产投资结构行业分布对比可以看出，国有企业在采矿业，交通运输、仓储和邮政业，房地产业，教育四个行业的投资综合效率比较高。有限责任企业综合投资效率比较高的有建筑业，交通运输、仓储和邮政业，住宿和餐饮业，金融业，房地产业，租赁和商务服务业，文化和社会工作。股份有限企业投资效率比较高的行业有采矿业，建筑业，交通运输、仓储和邮政业，批发和零售业，住宿和餐饮业，金融业，房地产业，租赁和商务服务业，科学研究和技术服务业，教育，卫生和社会工作，文化、体育和娱乐业，公共管理、社会保障和社会组织。私营企业综合效率比较高的行业主要有交通运输、仓储和邮政业，房地产业，教育。

从固定资产投资分地区投资效率对比来看，国有企业、有限责任企业、股份有限企业、私营企业在东部地区综合投资效率、纯技术效率、规模效率最高，中部地区次之，西部地区最低，但中部地区和西部地区差别不大，在去除随机误差项与环境因素的影响以后，传统的 DEA 方法并没有去除经济社会传统等因素的影响，从而造成对区域内部差异程度的高估和整体效率水平的低估。

从固定资产投资与经济周期逻辑关系的实证分析可以看出，固定资产投资对于经济增长的波动具有很强的异质性。四个主体的固定资产投资对经济增长回归系数中，只有股份有限企业固定资产投资系数不显著，其他三个系数都为正，说明国有企业、有限责任企业、私营企业固定资产投资对经济增长有正向的影响，私营企业正向影响最大，国有企业次之，股份有限企业影响最小。

二、固定资产投资效率

本书的第四章、第五章以及第六章对固定资产投资效率进行了全面的考察，研究结果表明：固定资产投资形成额数据一直处于一个增长的态势，9年增长了4倍，投资率数据相对来说较为平稳，ICOR 数据则波动比较大。其中，2008 年、2009 年投资 ICOR 数据最高，达到峰值，说明这两年国有企业固定资产投资效率不高。与国有企业相比，有限责任企业投资率略高，资本边际产出率数值高于国有企业，说明有限责任企业固定资产投资效率要高于国有企业，固定资产投资形成额略低于国有企业，但 9 年间有限责任企业固定资产投资形成额翻了 6 倍，说明有限责任企业固定资产投资增长速度快于国有企业。有限责任企业与股份有限企业，作为比较相似的两个类别，与有限责任企业相比，股份有限企业固定资产投资形成额比较低，2006～2014年，仅仅增长了两倍多，投资率也略低于有限责任企业。但资本产出率数据低于有限责任企业，这说明股份有限企业固定资产投资效率高于有限责任企业。四类投资主体中，私营企业固定资产投资形成额是最高的，投资率也高于股份有限企业与有限责任企业，但 ICOR 数值只比国有企业略高，要低于有限责任企业与股份有限企业。

通过国有企业与非国有企业对固定资产投资效率以及融资约束的结果综合来看，对企业贷款能力具有正向影响的变量中，是否为国有企业对企业获取贷款的能力影响最大，金融生态、企业规模、是否为支柱产业对企业的贷款能力影响次之，企业的净资产回报率的正向影响最小；具有负向影响的变量中，企业资产负债率最不利于企业获取贷款。对企业贷款期限影响的变量中，企业净资产回报率对于企业长期贷款的获取影响最大，是否为国有企业、企业规模以及是否为本地支柱企业次之，金融生态的影响最小。另外，国有企业虚拟变量强化了企业规模、企业盈利能力、企业的净资产回报率、支柱企业虚拟变量四个变量对企业贷款能力、贷款期限的影响，弱化了金融生态、平均资产回报率两个变量对贷款能力、贷款期限的影响。从系数大小来看，金融生态、支柱产业两个变量对固定资产投资效率的正向影响最大，企业规模、资产回报率的正向影响程度相对较小。国有企业对企业固定资产投资效率的负向影响较大，平均资产负债率对企业投资负向影响比较小。国有企业虚拟变量弱化了企业规模、盈利能力、企业平均资产负债率、金融生态以及支柱产业五个变量对固定资产投资效率的影响，但强化了企业投资回报率对固定资产投资效率的影响。

第二节　我国固定资产主体投资结构及投资效率优化的方法与路径

前述分析结论表明，固定资产投资结构合理与否内生于经济社会发展阶段，固定资产投资结构的优化，投资效率的提高，直接影响到经济发展与社会转型。本书参照实证检验结果中不同变量对固定资产投资效率与投资结构演进的传导机制，主要从宏观和微观视角提出以下政策建议。

一、完善金融信贷政策，规范资金投放流程

积极采取措施，加强信贷政策的精细化管理，建立专业化的固定资产投融资管理体制，建立健全相关配套机制，加大风险控制力度。同时，规范信贷业务流程，集约化管理，实现集中扁平化管理，提高固定资产贷款效率，规范资金投入流程，控制风险，降低经营风险。定期出台信贷政策指引和预警信号，是确保固定资产投资快速增长、健康发展的必要措施。

二、理顺政府与市场的关系，创造公平的竞争环境

市场经济是市场机制在资源配置中充分发挥作用的经济，本质上就是充分尊重和信任市场，赋予和保障市场主体在经济活动中的自由发展权利，同时基于市场本身因应客观经济发展律动的充分自觉性，发挥经济调节功能。但市场机制在解决外部性、市场垄断、公共产品供给的不足、宏观经济失衡等问题时往往存在短板，因此，需要政府的介入。在此过程中，政府通过完善法制建设、健全市场监管与提供社会服务，维护市场秩序，保障市场主体权益，确保社会公平，从而履行"守夜人"职责。在固定资产投资领域，创造一个公平、合理的竞争环境，让国有企业和非国有企业通过市场所具有的竞争机制，凭借实力引导固定资产投资流向、获取发展资源的同时，进一步优化资金的自由流动与资源的合理配置，形成企业发展与资源配置的双赢。政府职能不再是对固定资产投资的干预，其重点应放在制度建设和环境变迁上。

三、加强和改善固定资产投资宏观调控

在固定资产投资的过程中，要全面落实科学发展观，转变经济发展理念，提高固定资产投资的技术含量，真正实现固定资产投资的又快又好发展，避免固定资产投资规模快速下滑的现象。在固定资产投资政策制定的过程中，严格把好信贷、土地利用门槛以及市场的行业准入等微观政策，做好各类政策的协调。地方政府坚决执行中央相关宏观调控政策以及产业调整政策，杜

绝高耗能、低效率、重复建设的固定资产投资，建立和完善固定资产投资的长效作用机制。政府要善于运用宏观调整政策引导固定资产投资的方向，并辅以绿色税制改革与绿色支付体系。地方政府固定资产投资战略的出台要符合中央总体的思路和要求，规范与限制政府的投资行为，加强固定资产投资宏观调控，引导社会资源配置。

四、改善固定资产投资环境，保持合理规模

转变政府职能的过程中，注重改善固定资产投资环境，使政府职能真正地为市场监管、公共服务、经济转型以及结构调整服务，为特定地区固定资产投资发展创造一个良好的体制环境。保持合理的投资规模，确保投资合理增长。在经济下行、结构调整大背景下，我国固定资产投资增长速度出现下降的趋势，这也是在新常态下，固定资产投资的"新常态"。由前述的分析可知，固定资产投资是推动经济增长的主要推动力，政府要主动改善投资环境，降低企业税收负担，也就是在国民收入分配中，政府主动让渡一部分收入给企业部门，以此来增加企业部门的利润，从而维持必要的固定资产投资速度，确保固定资产投资维持合理的增长速度，维持经济适度增长。

五、优化固定资产投资结构，提高投资效益

通过前述分析可知，国有经济、股份有限公司、有限责任公司以及私营企业四个投资主体中，私营主体的投资效率要略高于国有经济。在后续的固定资产投资过程中，要持续加大国有经济的投资份额，减轻私营经济的投资份额，优化投资收益。

第一，综合平衡区域与行业固定资产投资比重，实现固定资产投资区域与行业结构的优化。提高固定资产投资中交通运输业、房地产业、仓储和邮政业的固定资产投资，降低固定资产投资效率不高的行业的固定资产投资。在平衡固定资产投资地区结构与规模的基础上，从规模与技术两个方面来提高固定资产投资效率，尽量扩大东部地区的固定资产投资规模，提高中西部地区固定资产投资的技术含量。在均衡优化固定资产投资规模的前提下，优化社会资源在行业与区域的合理配置与有效利用。

第二，我国正处于经济转型与结构调整的特殊时期，在固定资产投资的

来源结构中，应激发民间投资的活力，在一些领域继续放宽民间资本的准入。从市场准入政策、财税政策等方面加大对民间资本的支持，从法律、资金、体制以及资金监管等制度建设的维度上，为固定资产投资的民间准入创造公平竞争的市场环境。更多的投资为绿色经济服务，促进新能源以及新兴产业的发展，在提升固定资产投资效率的同时完善固定资产投资机制。

第三，确定固定资产投资的重点，按照中央"提高人民物质生活水平"的要求，大力完善医疗保障等领域固定资产投资，从根本上解决看病难、看病贵的问题。提高教育领域的投资，均衡国内发达地区与欠发达地区教育领域固定资产投资，建立城乡二元体制下公平的教育环境。在提高房地产业固定资产投资比重的同时，注重城市低收入人口住房难问题。政府强制社会资源在上述领域的配置，引导固定资产投资由生产性领域向非生产性领域倾斜。

六、加大固定资产投资领域的技术创新与变革

做好固定资产投资领域高新技术的引进与消化吸收，重视自主研发能力不足、基础技术薄弱行业固定资产投资中科技投入的比重，特别是高端固定资产投资中所需先进设备要加大国外引进的资金投入，在技术引进的同时，做好引进高新技术的模仿与改进。加强相关企业的技术人员培养，制定合理的技术人员职称和上升机制，加强技术工人的行业交流与技术研讨。加强企业与科研机构的项目合作，共同承担研发风险，共同分享研发成果，节约研发资金，降低研发成本。

七、完善政府固定资产投资绩效评价机制

固定资产投资项目的绩效评价是政府管理固定资产投资的重要方式，也是固定资产投资效率评价的重要方面。目前，我国政府固定资产投资项目绩效评价的相关制度建设相对落后，严重影响了固定资产投资效率的评价。因此，必须尽快建立我国固定资产投资项目绩效评价的相关法律法规，只有将固定资产投资效率的评价以法律的形式固定下来，才能为我国固定资产投资效率的提高提供切实保障。形成政府固定资产投资效率评价的实施办法，使固定资产投资效率的评价与监督制度化，保障国有主体固定资产投资效率评价的可靠性。

第三节　研究展望

本书在借鉴其他学者研究成果的同时对我国固定资产投资结构与投资效率进行了研究，并提出了固定资产投资结构优化与投资效率提高的具体政策建议。但受制于本人的学术功底以及客观因素的影响，还存在以下不足之处，未来，笔者继续进行以下三个方面的探讨：

第一，深入分析固定资产投资对经济增长、产业结构、收入分配等方面的影响。

第二，继续对固定资产投资效率未分析的行业进行探讨。

第三，固定资产投资的政治社会效益。迄今为止，国内关于固定资产投资的研究大多集中于经济方面，极少有学者全面、系统地探讨固定资产投资与社会政治之间的内在逻辑。固定资产投资涉及政府权力及社会资源的占有与分配，天然具有政治的属性，固定资产投资更是涉及社会产品的配置，本身就是生产关系的重要方面。可见，固定资产投资与社会关系以及生产关系存在着诸多联系，而这也是笔者未来有待研究拓展的方向。

参 考 文 献

[1] [美] 保罗·萨缪尔森. 宏观经济学 [M]. 16 版. 北京: 华夏出版社, 1999: 254.

[2] 蔡北华, 徐之河. 经济大辞典——工业经济卷 [M]. 上海: 上海辞书出版社, 1983.

[3] 陈立文, 孙静. 投资与经济增长中几个指标之间关系的研究 [J]. 中国地质大学学报 (社会科学版), 2002 (1): 49 – 52.

[4] 楚尔鸣, 鲁旭. 基于 SVAR 模型的政府投资挤出效应研究 [J]. 宏观经济研究, 2008 (8): 41 – 47.

[5] 戴维·W. 皮尔斯. 现代经学词典 [M]. 宋承先译. 上海: 上海译文出版社, 1988.

[6] 邓爱珍, 李金昌. 浙江省固定资产投资与经济增长关系的实证分析 [J]. 武汉理工大学学报 (信息与管理工程版), 2008 (2): 132 – 135.

[7] 董志强, 魏下海, 汤灿晴. 制度软环境与经济发展——基于 30 个大城市营商环境的经验研究 [J]. 管理世界, 2012 (4): 9 – 20.

[8] 樊潇彦, 袁志刚. 我国宏观投资效率的定义与衡量: 一个文献综述 [J]. 南开经济研究, 2006 (1): 44 – 59.

[9] 方福前, 邢炜, 王康. 中国经济短期波动对长期增长的影响——资源在企业间重新配置的视角 [J]. 管理世界, 2017 (1): 35 – 38.

[10] 冯发贵, 李隋. 产业政策实施过程中财政补贴与税收优惠的作用与效果 [J]. 税务研究, 2017 (5): 63 – 68.

[11] 高铁梅, 赵昕东, 梁云芳. 2002 年中国经济发展分析与预测 [J]. 数量经济技术经济研究, 2002 (6): 17 – 19.

[12] 耿强, 江飞涛, 傅坦. 政策性补贴、产能过剩与中国的经济波动 [J]. 中国工业经济, 2011 (5): 27 – 36.

[13] 郭春丽. 基本建设投资、更新改造投资与经济增长关系的实证分

析（1953～2001）［J］．中国社会科学院研究生院学报，2003（2）：33－38.

　　［14］郭美莹．关于对外直接投资收益的行业关联分析——基于灰色关联分析法［J］．纳税，2017（4）：53－59.

　　［15］郭庆旺，贾俊雪．财政投资的经济增长效应：实证分析［J］．财贸经济，2005（4）：40－47，96－97.

　　［16］郭庆旺，贾俊雪，刘晓路．财政政策与宏观经济稳定：情势转变视角［J］．管理世界，2007（5）：7－15，171.

　　［17］郭庆旺，吕冰洋，张德勇．财政支出结构与经济增长［J］．经济理论与经济管理，2003（11）：5－12.

　　［18］韩爱泮．我国政府投资项目后评价体系构建研究［D］．燕山大学硕士论文，2012.

　　［19］侯荣华，汲凤翔．中国固定资产投资效益研究［M］．北京：中国计划出版社，2002.

　　［20］黄少安，孙圣民，官明波．中国土地产权制度对农业经济增长的影响［J］．中国社会科学，2005（5）：38－47.

　　［21］贾明琪，张晶．不同行业 A 股上市公司资本结构对利润影响的实证分析［J］．财会月刊，2012（15）：38－40.

　　［22］贾松明．积极财政政策的可持续性分析［J］．中央财经大学学报，2002（5）：23－25.

　　［23］焦佳，赵霞等．我国经济增长与固定资产投资的变结构协整分析［J］．山东经济．2008（1）：48－51.

　　［24］靳庆鲁，孔祥，侯青川．货币政策、民营企业投资效率与公司期权价值［J］．经济研究，2012（5）：96－106.

　　［25］康江峰，白帆．固定资产投资与经济增长关联性的回归分析［J］．宝鸡文理学院学报（自然科学版），2002（1）：94－98.

　　［26］黎文靖，李耀淘．产业政策激励了公司投资吗［J］．中国工业经济，2014（5）：122－134.

　　［27］李朝鲜，李白花．投资波动与经济增长关系的实证分析［J］．北京工商大学学报，2007（5）：41－48.

　　［28］李森，张宝清．政府公共投资效率分析［J］．山东经济管理干部学院学报，2006（2）.

　　［29］李学军．基于三阶段 DEA 模型的财政补贴效率研究——来自西部

地区的实证检验［J］. 开发研究，2016（1）：77－79.

［30］李治国，唐国兴. 中国货币流通速度下降解释：基于实际收入和利率水平决定的货币流通速度模型［J］. 上海金融，2006（1）：33－34.

［31］刘朝阳，李秀敏. 交易成本的定义、分类与测量研究——基于2004－2013 中国总量交易成本的经验证据［J］. 经济问题探索，2017（6）：12－14.

［32］刘国光. 略论当前中国宏观经济政策的若干问题［J］. 经济学动态，2002（5）：3－8.

［33］刘明君. 经济发展理论与政策［M］. 北京：经济科学出版社，2004：56－58.

［34］刘士文. 公平与效率协调实现的途径研究［J］. 改革与战略 2014，30（7）：25－28.

［35］刘小文. 信息不对称下公司融资方式与投资效率的关系［J］. 山西财经大学学报，2008（S2）：78－79.

［36］柳明花，董竹. 基于社会关系网络的银行信贷与民营企业发展研究［J］. 统计与决策，2013（20）：182－184.

［37］卢建. 我国经济周期的特点、原因及发生机制研究［J］. 经济研究，1987（4）：48.

［38］聂曙光. 转型期投资主体行为研究［D］. 中共中央党校，2007.

［39］宁华宗. 公平与效率：公共服务的双垂逻辑研究［J］. 中南民族大学学报（人文社会科学版），2015，35（1）：102－107.

［40］潘岳. 对中国环境问题现状的认识［N］. 中国环境报，2007－03－08.

［41］彭宝玉. 试论区域经济发展中的公共投资［J］. 经济问题探索，2007（2）：49－52.

［42］彭韶兵，王伟. 上市公司"出身"与税收规避［J］. 宏观经济研究，2011（1）：46－51.

［43］齐守印. 论公共经济学与马克思主义的相容性［J］. 理论视野，2002（4）：24－26.

［44］钱谱丰，李钊. 对政府公共投资的经济增长效应的探讨［J］. 理论探讨，2007（4）：108－111.

［45］钱谱丰，马添翼. 试析政府公共投资的经济增长效应［J］. 金融

教学与研究，2007（2）：12－24.

　　[46] 秦朵，宋海岩. 改革中的过度投资需求和效率损失——中国分省固定资产投资案例分析 [J]. 经济学（季刊），2003（3）：807－832.

　　[47] 饶晓辉. 财政支出的效率和规模——基于中国的实证分析 [J]. 统计与信息论坛，2007（3）：76－81.

　　[48] 阮海涛. 行政主导性投资与经济增长 [J]. 数量经济技术经济研究，2005（4）：12－16.

　　[49] 邵雪峰. 财政转型下的公共投资结构分析 [J]. 吉林大学社会科学学报，2007（5）：46－53.

　　[50] 沈秀双. 固定资产投资与经济增长关系研究 [J]. 学术交流，2003（1）：74－79.

　　[51] 施青军，盾剑焊. 政府投资项目的形成性评价研究 [J]. 中国行政管理，2014（12）：43－48.

　　[52] 史永东，齐鹰飞. 中国经济的动态效率 [J]. 世界经济，2002（8）.

　　[53] 孙正. 金融生态、信贷资金配置与财政可持续性 [J]. 山西财经大学学报，2017（3）：131－135.

　　[54] 田江海. 略论投资性能及对经济运行的影响 [J]. 投资研究，1995（12）：1－7.

　　[55] 田骏. 固定资产投资结构评价体系分析 [J]. 统计与管理，2014（2）：77－79.

　　[56] 汪海波. 工业经济效益问题探索 [M]. 北京：经济管理出版社，1990.

　　[57] 王大会，李洪刚. RandD 投资与经济增长 [J]. 北京师范大学学报（自然科学版），2005（5）：55－59.

　　[58] 王红梅. 浅谈投资与经济的关系 [J]. 内蒙古金融研究，1990（1）：10.

　　[59] 王君萍，孔祥利. 公共支出最优规模：1978～2003 的样本数据求解 [J]. 财经论丛，2006（5）：29－34.

　　[60] 王谦，王旭东，刘蕾. 和谐社会背景下我国财政效率指标体系的构建 [J]. 经济问题探索，2008（1）.

　　[61] 王荣森，吴涛. 基于省级面板数据的固定资产投资效率研究 [J].

河南科技学院学报，2013（11）：51 – 56.

[62] 王树华，方先明. 中国财政政策宏观经济效应的实证检验：1978 –
2004 [J]. 中央财经大学学报，2006（8）：6 – 11.

[63] 王威. 公共投资的区域经济增长效应 [J]. 当代经济管理，2008
（2）：14 – 17.

[64] 王威. 公共投资效应的制约因素及提高途径 [J]. 辽宁大学学报，
2008（3）：123 – 128.

[65] 王文甫，明娟，岳超云. 企业规模、地方政府干预与产能过剩
[J]. 管理世界，2014（10）：17 – 36.

[66] 王玺，张勇. 公共投资对私人投资的拉动作用——中国当前扩大
公共投资与拉动私人投资关系的实证研究 [J]. 财政研究，2009（12）：
14 – 18.

[67] 王延中等. 基础设施与制造业发展关系研究 [J]. 北京：中国社
会科学出版社，2002.

[68] 王宇伟，范从来. 企业部门的货币持有与中国货币化率的变
动——来自微观层面的经验证据 [J]. 中国工业经济，2016（7）：43 – 47.

[69] 吴敬琏. 中国增长模式抉择 [M]. 上海：上海远东出版社，2006.

[70] 吴俊培. 财政支出效益评价问题研究 [J]. 财政研究，2003（1）.

[71] 吴凯. 浅论瓦格纳法则在中国的适应性 [J]. 财经论丛，2006
（5）：36 – 42.

[72] 吴永求，冉光和. 养老保险制度公平与效率的测度及权衡理论
[J]. 数理统计与管理，2014，33（5）：761 – 769.

[73] 吴早. 诺贝尔经济学奖得主布坎南及其公共选择理论 [J]. 高等
函授学报（哲学社会科学版），2006（2）：39 – 42.

[74] 武剑. 外国直接投资的区域分布及其经济增长效应 [J]. 经济研
究，2002（4）：27 – 35，93.

[75] 武普照，王耀辉. 公共投资的经济增长作用分析 [J]. 山东社会
科学，2007（4）：69 – 72.

[76] 谢琳琳，何清华，乐云. 公共选择理论在完善我国政府投资项目
决策机制中的应用 [J]. 基建优化，2007（2）：5 – 5.

[77] 熊丽芳. 安徽省固定资产投资与经济增长关系实证分析 [J]. 安
徽理工大学学报，2007（6）：10 – 13.

[78] 薛进军. 西方经济增长理论的新思路 [J]. 中国社会科学院研究生院学报, 2000 (4): 45.

[79] 薛新红, 张华容, 王忠诚. 对外直接投资是否挤出了国内固定资产投资？——基于中国产业层面数据的实证分析 [J]. 投资研究, 2016 (10): 31 –35.

[80] 杨锡养. 公共投资项目绩效评价研究 [D]. 西南财经大学博士论文, 2012.

[81] 叶裕民. 我国中部地区的内部差异及发展构想 [J]. 学习与实践, 2001 (6): 35 –38.

[82] 于光远. 经济大辞典 [M]. 北京：海洋出版社, 1992.

[83] 余明桂, 潘红波. 政治关系、制度环境与民营企业银行贷款 [J]. 管理世界, 2008 (8): 9 –21.

[84] 苑德宇. 公共投资与区域就业变动——基于动态面板数据模型的经验分析 [J]. 上海财经大学学报, 2010 (6): 54 –62.

[85] 岳军, 黄磊. 当代中国投资问题研究 [M]. 北京：中国财经出版社, 1998.

[86] 曾令华. "货币短期非中性" 的政策意义及实证分析 [J]. 金融研究, 2000 (9): 13 –21.

[87] 曾培炎. 继续扩大国内需求 加快结构调整步伐 促进国民经济持续快速健康发展 [J]. 宏观经济管理, 1999 (12): 4 –10.

[88] 张斌. 投资与经济增长 [J]. 财政研究, 1989 (6): 6.

[89] 张炳带. 公有制和私有制的公平与效率——分配的本质研究 [J]. 财经问题研究, 2014 (1): 11 –17.

[90] 张风波. 中国·改革发展 [M]. 北京：中国财经出版社, 1988: 256.

[91] 张辑. 基于利润最大化视角的跨国公司转移定价策略 [J]. 统计与决策, 2010 (2): 49 –51.

[92] 张军, 吴桂英, 张吉鹏. 中国省际物质资本存量估算：1952 –2000 [J]. 经济研究, 2004 (10): 35 –44.

[93] 张瑶, 朱为群. 中国三次产业税负的数理分析 [J]. 上海经济研究, 2016 (12): 22 –24.

[94] 张中华, 郑群峰. 西方公共投资和私人投资关系研究综述 [J]. 经济学动态, 2010 (9): 122 –126.

[95] 赵卿. 国家产业政策、产权性质与公司业绩 [J]. 南方经济, 2016 (3): 68 – 85.

[96] 郑群峰. 我国资本配置效率空间计量研究——基于投资主体结构变迁的视角 [J]. 商业经济与管理, 2010 (3): 45.

[97] 郑思齐, 刘洪玉. 中国建设投资与经济增长关系的计量模型与分析 [J]. 清华大学学报 (哲学社会科学版), 2001 (4): 12 – 18.

[98] 庄龙涛. 实施积极的财政政策应防范财政风险 [J]. 财政研究, 1999 (9): 20 – 22.

[99] Aaboen Lise. Corporate Governance and Performance of Small High-Tech Firms in Sweden [J]. Journal of Productivity Analysis, 2006, 26 (8): 955 – 968.

[100] Afriat, N. Efficiency Estimation of Production Functions [J]. International Economic Review, 1972, 13 (3): 568 – 598.

[101] Aigner, D. J., Lovell, C. A. &Sehmidt, P. Formulation Application Function Models [J]. Journal of Economic and Estimation of Empirical, 1977, 6 (19): 21 – 37.

[102] Albert, Hu., Gary, H. Jefferson Returns to Research and Development in Chinese Industry: Evidence from State-owned Enterprises in Beijing [J]. China Economic Review, 2004, 15 (1): 86 – 107.

[103] Almeida H, Wolfenzon D. The effect of external finance on the equilibrium allocation of capital [J]. Journal of Financial Economics, 2005, 75 (1): 133 – 164.

[104] Ang A, Hodrick R J, Xing Y, et al. High idiosyncratic volatility and low returns: International and further US evidence [J]. Journal of Financial Economics, 2009, 91 (1): 1 – 23.

[105] Aschauer D A. Is public expenditure productive? [J]. Journal of monetary economics, 1989, 23 (2): 177 – 200.

[106] Bao-jie Chen. Empirical Analyses of Influencing Factors on the Capacity of Regional Technological Innovation for China's High-Tech Industries [J]. Energy Procedia, 2011 (13): 10011 – 10016.

[107] Beck T, Levine R. Industry growth and capital allocation: does having a market-or bank-based system matter? [J]. Journal of Financial Economics, 2002, 64 (2): 147 – 180.

［108］ Brett Anitra Gilbert, Patricia P. &Mc Dougall. Audretsch. Clusters knowledge spillovers and new venture performance: An empirical examination ［J］. Journal of Business Venturing, 2008, 23 (4): 405 –422.

［109］ Brulhart M. , F. Trionfetti. A test of trade theories when expenditure is home biased ［J］. CEPR Discussion Paper, 2005 (6): 123 –131.

［110］ Byoungkil. Factor Productivity Growth: Survey RePort ［R］. The Asian Productivity Organization, 2004 (11): 186 –199.

［111］ Charumlind, C. , K. Raja, and W. Yupana. "Connectted Lending: Thail-iand befor The Financial Crisis" ［J］. Journal of Business, 2006, 79 (1): 181 –218.

［112］ Cho Y J. The effect of financial liberalization on the efficiency of credit allocation: Some evidence from Korea ［J］. Journal of Development Economics, 1988, 29 (1): 101 –110.

［113］ Chuan-Kai Lee. How does a cluster relocate across the border? The case of information technology cluster in the Taiwan-Suzhou region ［J］. Technological Forecasting&Social Change, 2009, 76 (3): 371 –381.

［114］ Daniel Scholten Msc. The role of coherence in the coevolution between institutions and technologies, working paper, 2009 (12): 89 –96.

［115］ Ding Hao Liu. How Does the Stable Industry-University-Institute Alliance Promotes the Performance of the Inter-Organizational Knowledge Creation ［J］. Advanced Materials Research, 2012, 468 (2): 1856 –1861.

［116］ Erenburg S J. The real effects of public investment on private investment ［J］. Applied Economics, 1993, 25 (6): 831 –837.

［117］ Faccio Daniele, Averchi Alessandro, Couairon Arnaud, Dubietis Audrius, Piskarskas Rimtautas, Matijosius Aidas, Bragheri Francesca, Porras Miguel A, Piskarskas Algis, Di Trapani Paolo. Competition between phase-matching and stationarity in Kerr-driven optical pulse filamentation ［J］. Physical Review (Statistical, Nonlinear, and Soft Matter Physics), 2006 (74).

［118］ Fan J P H, Wong T J, Zhang T. The emergence of corporate pyramids in China ［J］. 2005.

［119］ Fernando Aguirre1, J. Rene Villalobos & Patrick E. Phelan. Assessing the relative efficiency of energy use among similar manufacturing industries ［J］.

International Journal of Energy Research, 2011, 35 (6): 477 –488.

[120] Galindo A, Schiantarelli F, Weiss A. Does financial liberalization improve the allocation of investment?: Micro-evidence from developing countries [J]. Journal of development Economics, 2007, 83 (2): 562 –587.

[121] Hirofumi Fukuyama, S. M. Mirdehghan. Identifying the efficiency status in network DEA [J]. European Journal of Operational Research, 2012, 220 (1): 85 –92.

[122] Hsiao-Wen Wang, Ming-Cheng Wu. Business type, industry value chain, and R&D performance: Evidence from high-tech firms in an emerging market [J]. Technological Forecasting and Social Change, 2012, 79 (2): 326 –340.

[123] Kampik, F. , Dachs, B. The innovative performance of German multinationals abroad: Evidence from the European community innovation survey [J]. Industrial and Corporate Change, 2011, 20 (2): 661 –681.

[124] Khwaja, A. , and A. Mian. "Do Lenders Favor Politically Connected Firms Rent Provision in an Emerging Financial Market" [J]. Quarterly Journal of Economics, 2005, 120 (4): 1371 –1411.

[125] King, Robert G. and Sergio Rebelo. Transitional Dynamics and Economic Growth in the Neoclassical Model [J]. American Economic Review. 1993, 83 (4): 908 –931.

[126] Kris M. Y. Law, Angappa Gunasekaran. Sustainability development in high-tech manufacturing firms in Hong Kong: Motivators and readiness [J]. International Journal of Production Economics, 2012, 1379 (1): 116 –125.

[127] Lopez A D, Mathers C D, Ezzati M, et al. Global and regional burden of disease and risk factors, 2001: systematic analysis of population health data [J]. The Lancet, 2006, 367 (9524): 1747 –1757.

[128] Lucas, Robert E. Jr. Making a Miracle [J]. Econometrica, 1993, 61: 252 –271.

[129] Lucas, Robert E. Jr. On Efficiency and Distribution [J]. Economic Journal. 1992, 102: 233 –247.

[130] Lucas, Robert E. Jr. On the Mechanism of Economic Development [J]. Journal of Monetary Economics. 1988, 22: 3 –22.

[131] Lutz Hendricks. Equipment Investment and Growth In Developing

Countries. Arizona State University, 5 (Working Paper), 1999.

[132] Martin B. Schmidt. Savings and Investment: Some international perspectives [J]. Southern Economic Journal, 2001, 68: 446 –456.

[133] Martin Coiteux and Simon Olivier. The Saving Retention Coefficient in the Long Run and in the Short Run: Evidence from Panel Data [J]. Journal of International Money and Finance, 2000, 19: 535 – 548.

[134] Martin Heidenreich. Innovation patterns and location of European low-and medium-technology industries [J]. Research Policy, 2009, 38 (3): 483 –494.

[135] Mataya C S, Veeman M M. The behaviour of private and public investment in Malawi [J]. The Canadian Journal of Economics/Revue canadienne d'Economique, 1996, 29: S438 – S442.

[136] Mitton Craig, Donaldson Cam, Shellian Barb, Pagenkopf Cort. Priority setting in a Canadian surgical department: a case study using program budgeting and marginal analysis [J]. Canadian Journal of Surgery, 2003, 46 (1).

[137] Newman, M. E. J. The Structure and Function of Complex Networks [J]. SIAM Review, 2003, 42 (2): 167 –256.

[138] Omer Ozcicer and W. Douglas McMillin. Lag length in vector autoregressive models: symmetric and asymmetric lags [J]. Applied Economics, 1999, 31: 517 – 534.

[139] Orazio P. Attanasio, Lucio Pici and Autonello E. Scorcu. Saving, Growth, and Investment: Microeconomic Analysis Using a Panel of Countries [J]. the Review of Economics and Statistics, 2001, 82 (2): 182 –211.

[140] Peiró-Signes, A. , Segarra-Oña, M. & Miret-Pastor, L. Eco-innovation attitude and industry's technological level-an important key for promoting efficient vertical policies [J]. Environmental Engineering and Management, 2011, 10 (12): 1893 – 1901.

[141] PodreecaE, Carrneei G Fixed investment and economicgrowth: new results on causality [J]. Applied Economics, 2001 (33): 177 – 182.

[142] R. H. Leftwich. The price system & resource allocation [M]. 1973: 20.

[143] Richard G. Lipsey, Harper & Row. PubHshers [J]. economics, 1987 (3): 31 –247.

[144] Romer, Paul M. Are Non-convexities Important for Understanding

Growth〔J〕. American Economic Review, 1990, 80: 97 – 103.

〔145〕Romer, Paul M. Endogenous Technological Change〔J〕. Journal of Political Economy, 1990, 98: s71 – s102.

〔146〕Romer, Paul M. The Origins of Endogenous Growth〔J〕. Journal of Economic Perspectives, 1994, 8: 3 – 22.

〔147〕Romer, P. M. Increasing returns and long-run growth〔J〕. Journal of Political Economy, 1994, 102: 1002 – 1037.

〔148〕Rui Zhang, Kai Sun&Michael S. Productivity in China's high technology industry: Regional heterogeneity and R&D〔J〕. Technological Forecasting and Social Change, January 2012, 79 (1): 127 – 141.

〔149〕Rune Wigren, Mats Wilhelmsson. Construction investments and economic growth in Western Europe〔J〕. Journal of Policy Modeling, 2007 (29): 439 – 451.

〔150〕Tanzi V, Davoodi H R. Corruption, growth, and public finances〔M〕. International Monetary Fund, 2000.

〔151〕Tdwinmansfield. Microeconomics Theory & Appi. Icstion〔J〕. W. W. Nortonand Company. New York. and London, 1982 (6): 440 – 442.

〔152〕Thomas Y. Choi, Kevin J. Dooley, Manus Rungtusanatham. Supply networks and complex adaptive systems: control versus emergence〔J〕. Journal of Operations Management, 2001 (19): 351 – 366.

〔153〕Tuija Mainela, Elina Pernu & Vesa Puhakka. The development of a high-tech international new venture as a process of acting: A study of the lifespan of a venture in software business〔J〕. Journal of Small Business and Enterprise Development, 2011, 18 (3): 430 – 456.

〔154〕Ueda A. Measuring Distortion in Capital Allocation—The Case of Heavy and Chemical Industries in Korea〔J〕. Journal of Policy Modeling, 1999, 21 (4): 427 – 452.

〔155〕Wurgler J. Financial markets and the allocation of capital〔J〕. Journal of financial economics, 2000, 58 (1): 187 – 214.

〔156〕Xiyou He, Qing Mu. How Chinese firms learn technology from transnational corporations: A comparison of the telecommunication and automobile industries〔J〕. Journal of Asian Economics, 2012, 23 (6): 270 – 287.

后 记

在我的女儿考大学的那一年，我也作出了人生的一个重大决定：重回学校读博士学位。时光飞逝，女儿大学毕业了，我的博士学习生活也圆满结束，收获良多，本书就是其中最重要的成果之一。此时此刻，我感慨良多，在与女儿共同学习、共同进步的4年时间里，满是难忘和暖心的一幕幕不时充盈脑海。十分感谢山东大学给我这样一个重回校园深造的机会，对学习过程中帮助和支持我的良师、益友、亲人表示衷心的感谢！

感谢我的导师黄少安，文江学海、造诣精深的学术成就，严谨务实、重德敬业的治学态度，对我的工作方法和工作态度影响很大，使我在做研究的路上更加严格要求自己，少走许多弯路。在本书写作的过程中，从选题、开题、撰写直至本书的修改、定稿都凝结了黄老师的心血和智慧的结晶，成为我完成本书创作的重要支撑。4年的学习过程，黄老师不仅是我的良师，更是益友。

感谢在学习和本书写作中给予我指导和帮助的专家、学者、朋友。感谢山东大学经济研究院的魏建教授、叶海云教授、韦倩教授、黄凯南教授、谢志平教授、孙涛副教授、孙立新副教授、张进峰博士后及山东财经大学郭艳茹教授给予的课业上的指导，感谢山东财经大学统计学院石玉峰教授、金玉国教授、袁岩教授对本书写作提出的宝贵建议，感谢王伟博士、郭俊艳博士、刘阳荷博士、陈兴博士、梁超博士等各位同学在本人学习和本书写作中给予的诸多帮助。情谊无价，自当永远铭记心间。

感谢我的家人，父母、先生、女儿主动承担了更多繁重的家务劳动，尽力给我留出更多学习时间，让我在近半百之年仍能走入课堂安心学习，是家人的理解、支持给我提供了良好的学习、研究环境，你们的支持与鼓励，是我取得博士学位最坚强的后盾。

求学的心愿已了，在今后的日子里，我要带着这份感恩，带着这份收获，带着这份传承，走入率性随心的下一段征程。

杨冬梅

2021 年 2 月